(...) Una vez que aprendió a leer (...) se distraía de la historia, embriagado, casi al borde de las lágrimas, por la belleza del alfabeto, con sus sutiles y ricas formas y sonidos: embelesado y perplejo por la amplitud compleja de una *a*, el zumbido seco, leñoso, de la *r*, la caprichosa *E* mayúscula, parecida a un rastrillo; la *q* como un renacuajo que nadaba en la infancia salina y húmeda de la evolución; la *b* con sus bravatas y brusquedades; la *H* mayúscula, con sus pilares anchos y eclesiásticos, saltarina en apariencia pero muy dudosa en sonido, una exhalación tibia, silenciosa como el aliento de Dios en el rostro de Adán, como el bufido de un caballo, *h* de hondo, de hirviente, de hecatombe. (...)

(Fernanda Eberstadt,
Los demonios de Isaac,
EMECÉ, Barcelona, 1993)

Volumen I

De cómo los niños aprenden a escribir y a leer

Intencionalidad del volumen:

Mostrar las ideas fundamentales del proceso de construcción de la escritura y la lectura en los niños y sentar las bases de una propuesta constructivista de la enseñanza del lenguaje escrito.

1.ª Parte: LO QUE SABEN LOS NIÑOS

1. Ideas infantiles acerca de la escritura.
2. Ideas infantiles acerca de la lectura.
3. Ideas infantiles acerca de los textos.

2.ª Parte: ENSEÑAR A ESCRIBIR Y A LEER

4. La tarea de la escuela.
5. Ideas de la escuela acerca del lenguaje escrito.
6. Por un aprendizaje significativo del lenguaje escrito.
7. Educar en la diversidad.
8. Motivación: escribir y leer tiene sentido.
9. Interacción: el trabajo cooperativo.
10. La tarea del profesor: enseñar a escribir y a leer.

Volumen II

De cómo enseñar a escribir y a leer

Intencionalidad del volumen:

Desarrollar el modelo de enseñanza significativa del lenguaje escrito.

- Qué contenidos, cuándo y cómo enseñarlos.
- Qué, cuándo y cómo evaluar.

1.ª Parte: CONTENIDOS CURRICULARES Y SECUENCIACIÓN

11. Organización de los contenidos
12. Criterios para la secuenciación.

2.ª Parte: ORIENTACIONES DIDÁCTICAS

Introducción

13. Relaciones entre el lenguaje oral y el lenguaje escrito.
14. El sistema alfabético.
15. La escritura como producción de textos.
16. La lectura como interpretación y comprensión de textos.
17. Los textos como unidad básica del lenguaje escrito.
18. Análisis y reflexión sobre la propia Lengua.
19. Sistemas de comunicación verbal y no verbal.

- Contenidos curriculares.
- Desarrollo de los contenidos.
- Propuesta de tipos de actividad.
- Aspectos para observar en cada tipo de actividad.
- Muestras de actividades.

3.ª Parte: LA EVALUACIÓN

Introducción

20. Evaluación inicial de los niveles de construcción del sistema alfabético.
21. La evaluación del aprendizaje de los alumnos.
22. La evaluación del proceso de enseñanza.

Volumen III

Actividades y recursos para el aula

Intencionalidad del volumen:

Aportar actividades y pautas de evaluación, útiles para que el profesor desarrolle su tarea en el aula. Aportar sugerencias para la realización de proyectos como modo de organización de las actividades. Aportar referencias bibliográficas.

ACTIVIDADES Y RECURSOS PARA EL AULA

Índice

Introducción

RECAPITULACIÓN

En el primer volumen de estos Materiales, hemos intentado exponer con claridad las ideas principales que fundamentan una propuesta constructivista de la enseñanza de la lengua escrita.

Hemos visto, en la primera parte, cuáles son las teorías infantiles acerca de lo que es el lenguaje escrito y cuál es el proceso a través del cual, los niños, van construyendo los conceptos y los procedimientos propios de nuestro sistema alfabético y de nuestra cultura escrita.

En la segunda parte, hemos planteado la importancia de la escuela y la necesidad de revisar en profundidad las ideas escolares acerca de la enseñanza de la lectura y de la escritura, partiendo del conocimiento que tenemos sobre el proceso de aprendizaje infantil.

Por último, hemos expuesto las ideas principales de nuestra propuesta: aprendizaje significativo, educar en la diversidad, interacción y globalización y, finalmente, el papel del profesor en nuestra propuesta.

En el primer volumen, pretendíamos animar, a profesores y escuelas, a abordar la renovación de la enseñanza de la lectura y la escritura, a partir de las ideas constructivistas. Ahora se trata de aportar elementos más concretos y detallados a los profesores y centros que se animen a intentarlo, y de estimularlos a la reflexión colectiva.

Nos quedará, para el tercer volumen, la tarea de mostrar un conjunto de actividades y propuestas muy concretas, que facilitarán la experimentación de actividades en la clase, en lo que sería el tercer nivel de concreción curricular.

GUÍA DE LECTURA Y OBJETIVOS DEL SEGUNDO VOLUMEN

Se trata, ahora, de avanzar un paso más en la exposición de nuestra propuesta. Desarrollaremos aquí una propuesta para una enseñanza significativa del lenguaje escrito, basado en lo expuesto en el volumen anterior. Para ello hemos partido de:

- Diseño Curricular Base.
- Real Decreto que establece el currículo de la Educación Infantil.

  (BOE de 09-09-91).
- Real Decreto en el que se establecen las enseñanzas mínimas correspondientes a la Educación Primaria (BOE de 26-06-91).
- La reflexión colectiva a partir de nuestra experiencia de trabajo en el aula.

El objetivo es el de presentar una propuesta referida al lenguaje escrito para alumnos entre tres y ocho años de edad (segundo ciclo de Educación Infantil y primer ciclo de Educación Primaria). Este volumen contiene:

1ª Parte: Organización de los contenidos y criterios para la secuenciación

¿Cómo hemos organizado los contenidos curriculares y los criterios de secuenciación? Nuestra decisión ha sido la de desarrollar los bloques de contenidos incluidos en el Diseño Curricular para la Educación Infantil y la Educación Primaria, de modo que incluyan el conjunto de contenidos que consideramos fundamentales en nuestra propuesta. De esta forma, en nuestra opinión, resulta más fácil la secuenciación y el desarrollo de las orientaciones didácticas. Los contenidos los hemos organizado en siete módulos que vertebran nuestra propuesta.

2ª Parte: Contenidos y orientaciones didácticas

Desarrollamos nuestra respuesta a las preguntas: ¿Qué enseñar? y ¿Cómo enseñar? Lenguaje escrito entre 3 y 8 años. Dedicamos un capítulo a cada uno de los módulos que hemos definido. En él se incluye la enumeración de contenidos curriculares —conceptos, procedimientos y actitudes— y un comentario extenso que los explica en detalle. A continuación efectuamos una propuesta de cómo trabajarlos en la escuela. Para ello, proponemos unos tipos de actividades que consideramos idóneas para cada módulo. Esta propuesta de tipos de actividades constituye una aportación original y novedosa —en nuestra opinión— que define lo específico de nuestra propuesta. Por último, se reseñan los aspectos que conviene observar en cada tipo de actividad, por su especificidad.

3ª Parte: La evaluación

Finalmente, abordamos el tema de la evaluación, incluyendo la evaluación inicial referida al dominio del sistema alfabético, la evaluación del aprendizaje de los alumnos respecto a los módulos de contenidos curriculares y la evaluación del proceso de enseñanza.

HACIA UN PROYECTO COLECTIVO DEL CICLO Y DEL CENTRO

Este segundo volumen, de algún modo, aporta sugerencias para la elaboración de proyectos curriculares de lenguaje escrito en las escuelas.

Debemos ser honestos y reconocer que nuestra experiencia no se hizo según el orden lógico con que presentamos estos Materiales. En realidad, partíamos de algunas ideas básicas —mucho menos explícitas que las que hemos presentado en el primer volumen— y unas cuantas ideas acerca de actividades a realizar en el aula —mucho menos elaboradas que las que presentaremos en el tercer volumen— y... apenas nada más. No sólo no disponíamos entonces de una propuesta curricular como la que se ha elaborado después. Sobre muchas cuestiones (contenidos, secuenciación, orientaciones didácticas, criterios de evaluación, etc.) sabíamos muy poco. La tarea de realizar estos Materiales ha constituido un gran esfuerzo de ordenar, sistematizar y aclarar nuestras ideas. Nos ha sido extraordinariamente útil: hemos aprendido mucho y hemos organizado mejor nuestro pensamiento.

Los diseños curriculares de Educación Infantil y Primaria constituyen un excelente punto de partida para los profesores y escuelas. Del mismo modo, esperamos que sea útil nuestra aportación a la tarea de definir qué enseñaremos sobre lenguaje escrito (contenidos) y para qué lo enseñaremos (objetivos). Cómo organizaremos el trabajo didáctico en el aula y qué actividades resultan adecuadas a los objetivos de la enseñanza. Qué incluye una evaluación inicial, qué criterios utilizar al evaluar los contenidos y los tipos de actividad que proponemos, cómo hacerlo; cómo evaluar nuestro propio trabajo didáctico y nuestro diseño de actividades.

Se nos ha hecho imprescindible explicar con cierto detalle cómo concebimos el aprendizaje de la escritura, de la lectura, del sistema alfabético y qué concepción tenemos de lo que es escribir y leer. También nos era necesario explicar en detalle los diversos tipos de actividades que hemos experimentado en el aula, especialmente aquellas que pueden resultar más novedosas. Sin embargo, queremos recordar, una vez más, que estos Materiales no están cerrados ni acabados. Esperan vuestras aportaciones, ideas, iniciativas y experiencias.

El esfuerzo innovador de la enseñanza no puede ser individual. Por supuesto, es posible que un profesor inicie ésta y otras experiencias de innovación, por su cuenta y riesgo, pero no resulta fácil y, en el caso de escuelas graduadas, puede producir bastante confusión.

En la propuesta que presentamos, existen un buen número de decisiones sobre la práctica escolar que es aconsejable acordar con el conjunto de profesores del ciclo, por lo menos:

- Renunciar al uso exclusivo de libros de texto escolares y a algunas de las actividades usuales en métodos tradicionales.
- Usar textos de uso habitual en el entorno del niño (periódicos, libros, folletos, anuncios, carteles, etc.).
- Proponer actividades de lectura y de escritura desde los tres años de edad.
- Usar letras mayúsculas en los períodos iniciales de la alfabetización.
- Admitir resultados de lectura y escritura que no son exactamente correctos desde el punto de vista adulto (en cuanto a caligrafía, ortografía, etc.).

... Y muchas más. Parece evidente que son decisiones de envergadura que no pueden tomarse al margen de un acuerdo en el ciclo o en el Claustro. Es aconsejable acordar una cierta continuidad en el trabajo escolar, entre un nivel y los siguientes o entre los niños de un mismo nivel escolar.

En eso consiste, en definitiva, la elaboración de los proyectos curriculares: alcanzar acuerdos compartidos en torno a la enseñanza escolar. No es preciso —ni siquiera posible ni aconsejable— elaborar proyectos acabados antes de empezar a experimentar. O conseguir unanimidades en todo el Claustro. Si así fuera, no sería posible la innovación. Nosotros mismos, como habéis visto, empezamos a trabajar sin tener del todo claro el conjunto de propuestas que estamos presentando. Pero partíamos de un acuerdo inicial, colectivo, de experimentar un camino que parecía prometedor. Se aprende al hacer y al reflexionar.

Sin ese acuerdo mínimo, los padres de nuestros alumnos, y ellos mismos, pueden verse bastante desconcertados y confusos.

Si queremos que los padres apoyen y colaboren en la tarea de la escuela, es bueno que se les informe de las características básicas del trabajo que se va a proponer a sus hijos en el aula. No suele haber ninguna dificultad. Aunque inicialmente pueda causarles sorpresa —incluso una cierta inquietud, propia de todos los cambios e innovaciones— pronto se tranquilizan, al darse cuenta de que sus hijos aparecen más motivados e interesados en leer y escribir y que, en casa, muestran mucha curiosidad y ganas de leer, escribir, aprender palabras, etc.

En cualquier caso, siempre es muy importante que el profesor se vea acompañado en la reflexión y en la experimentación.

Es decir, os recomendamos que os lancéis de cabeza a experimentar nuestras propuestas, pero tomando precauciones: hacedlo acompañados, procuraos asesores y ayudas; leed cuanto podáis, aseguraos un espacio y un tiempo —por lo menos semanal— para discutir y analizar los resultados. Aseguraos tiempo.

En otras palabras, se trata de plantear la enseñanza de la lectura y de la escritura como una investigación y una formación especializadas.

1ª PARTE

Contenidos curriculares y secuenciación

CAPÍTULO 11

Organización de los contenidos curriculares

DESARROLLO DE CAPACIDADES Y OBJETIVOS DE LAS ETAPAS EDUCATIVAS

¿Qué se pretende conseguir en la Educación Infantil y en la Educación Primaria? Que los alumnos desarrollen capacidades personales que se consideran fundamentales para vivir en nuestra sociedad. Entre estas capacidades consideradas básicas, el dominio del lenguaje oral y escrito ocupa un lugar relevante, ¡faltaría más! Acerca de lo que quiere decir *saber* lenguaje, trata el currículum del área de Lenguaje y el volumen que estáis leyendo.

Sin embargo, saber hablar, escuchar, escribir y leer, y aprenderlo correctamente, constituye un medio poderoso para desarrollar *todas* las capacidades básicas, todo lo que un ciudadano del 2000 necesitará para desenvolverse. Así, del conjunto de objetivos de la educación, en las etapas Infantil y Primaria, se desprende una forma bastante definida de enfocar la enseñanza del lenguaje. Veámoslo.

✎ *Educación Infantil*

a) Descubrir, conocer y controlar progresivamente el propio cuerpo, formándose una imagen positiva de sí mismos, valorando su identidad sexual, sus capacidades y limitaciones de acción y expresión, y adquiriendo hábitos básicos de salud y bienestar.

✍ Educación Primaria

a) Conocer y apreciar el propio cuerpo y contribuir a su desarrollo, adoptando hábitos de salud y bienestar y valorando las repercusiones de determinadas conductas sobre la salud y la calidad de vida.

Este primer objetivo nos lleva a tener en cuenta la importancia de la postura, las condiciones de trabajo, del ejercicio motriz del dibujo, la grafía y el trazo; la calidad de lo que les proponemos leer, la buena iluminación... Nos aconseja valorar lo que el niño sabe y lo que puede aprender, en lugar de una evaluación que ponga el acento en lo que no sabe, en los déficit o las dificultades. A cuidar la selección de textos, evitando los que transmiten estereotipos discriminadores acerca de ser niña o niño, que ilustren acerca de las conductas que favorecen el bienestar físico y mental. Una forma de enseñar —en lenguaje también— que ayude al niño a conocerse mejor a sí mismo: expresar sus ideas y conocimientos, valorar sus posibilidades, reconocer e identificar sus dificultades, sentir el estímulo de mejorar y crecer, autoevaluarse y regular su propio proceso de aprendizaje...

✏ Educación Infantil

b) Actuar de forma cada vez más autónoma en sus actividades habituales, adquiriendo progresivamente seguridad afectiva y emocional y desarrollando sus capacidades de iniciativa y confianza en sí mismos.

✍ Educación Primaria

b) Actuar con autonomía en las actividades habituales y en las relaciones de grupo, desarrollando las posibilidades de tomar iniciativas y de establecer relaciones afectivas.

Se propone aquí una forma de organizar la actividad escolar que evite la sumisión y la dependencia, que estimule la participación personal, la iniciativa, que tenga, por tanto, distintas posibilidades de respuesta y no una sola; que permita al alumno elegir entre varias posibilidades, que le permita pensar por su cuenta, argumentar sus decisiones, mostrar su personalidad. Una relación del profesor con sus alumnos, que les aliente a pensar por sí mismos y a ser responsables de sus decisiones, que inspire seguridad y confianza en sus propias posibilidades, que les estimule a avanzar, que evite las clasificaciones y los juicios de valor o predicciones prejuiciosas («eres malo, tonto, incapaz, suspenderás, repetirás curso, no harás nada bueno...»), que acentúe lo que se sabe y lo que se puede mejorar.

✏ Educación Infantil

c) Establecer relaciones sociales en un ámbito cada vez más amplio, aprendiendo a articular progresivamente los propios intereses, puntos de vista y aportaciones con los de los demás.

d) Establecer vínculos fluidos de relación con los adultos y con sus iguales, respondiendo a los sentimientos de afecto, respetando la diversidad y desarrollando actitudes de ayuda y colaboración.

Educación Primaria

c) Colaborar en la planificación y realización de actividades en grupo, aceptar las normas y reglas que democráticamente se establezcan, articular los objetivos e intereses propios con los de los otros miembros del grupo, respetando puntos de vista distintos, y asumir las responsabilidades que correspondan.

d) Establecer relaciones equilibradas y constructivas con las personas en situaciones sociales conocidas, comportarse de manera solidaria, rechazando discriminaciones basadas en diferencias de sexo, clase social, creencias, raza y otras características individuales y sociales.

Trabajar en grupo, en actividades complejas, que requieran planificación, desarrollo y revisión conjunta. Comentar y debatir en grupo los textos leídos. Trabajar en grupos heterogéneos en los que se compartan los distintos conocimientos. Elegir en grupo textos para leer o temas para escribir. Respetar la diversidad, en los textos y en el trabajo de aula. Fomentar el espíritu crítico frente a los textos que se usan en la sociedad...

Educación Infantil

e) Observar y explorar el entorno inmediato con una actitud de curiosidad y cuidado, identificando las características y propiedades más significativas de los elementos que lo conforman y algunas de las relaciones que se establecen entre ellos.

Educación Primaria

e) Comprender y establecer relaciones entre hechos y fenómenos del entorno natural y social, y contribuir activamente, en lo posible, a la defensa, conservación y mejora del medio ambiente.

Aprovechar al máximo la curiosidad de los niños, sin encorsetarnos en temas prefijados, estar atentos a lo que surge en clase, aportar revistas, guías de la naturaleza, folletos relacionados con el entorno, escribir y leer para estudiar lo que nos rodea, para resolver dudas, conseguir datos, buscar informaciones...

Educación Infantil

f) Conocer algunas manifestaciones culturales de su entorno, mostrando actitudes de respeto, interés y participación hacia ellas.

✍ *Educación Primaria*

f) Conocer el patrimonio cultural, participar en su conservación y mejora y respetar la diversidad lingüística y cultural como derecho de los pueblos e individuos desarrollando una actitud de interés y respeto hacia el ejercicio de este derecho.

Aprovechar lo que ofrece la comunidad en que vivimos: carteles, programas, folletos, fiestas, costumbres... Seleccionar los textos a trabajar cuidando su calidad, aprovechar la literatura para traer al aula los grandes mitos, personajes, aventuras de nuestra cultura. Seleccionar textos que informen acerca de la diversidad cultural, leyendas exóticas, cuentos universales... Evitar caer en el localismo excluyente, en la banalidad, en lo trillado.

✏ *Educación Infantil*

g) Representar y evocar aspectos diversos de la realidad vividos, conocidos o imaginados y expresarlos mediante las posibilidades simbólicas que ofrecen el juego y otras formas de representación y expresión.

h) Utilizar el lenguaje verbal de forma ajustada a las diferentes situaciones de comunicación habituales para comprender y ser comprendido por los otros, expresar sus ideas, sentimientos, experiencias y deseos, avanzar en la construcción de significados, regular la propia conducta e influir en la de los demás.

i) Enriquecer y diversificar sus posibilidades expresivas mediante la utilización de los recursos y medios a su alcance, así como apreciar diferentes manifestaciones artísticas propias de su edad.

✍ *Educación Primaria*

g) Comprender y expresar mensajes orales y escritos en castellano y, en su caso, en la lengua propia de la Comunidad Autónoma, atendiendo a diferentes intenciones y contextos de comunicación, así como comprender mensajes orales y escritos sencillos y contextualizados en una lengua extranjera.

h) Comunicarse a través de medios de expresión verbal, corporal, visual, plástica, musical y matemática, desarrollando la sensibilidad estética, la creatividad y la capacidad para disfrutar de las obras y manifestaciones artísticas.

Una perspectiva concreta para el lenguaje: el enfoque comunicativo, una teoría gramatical que incluye la situación, al analizar el texto y el discurso. Considerar no sólo lo dicho o lo escrito, sino el autor, el destinatario, la intención, el formato...

Un lenguaje que es belleza. En el contenido y en lo formal. La importancia del dibujo de las letras, de la tipografía, de la presentación. El lenguaje que acompaña al arte. El teatro, la dramatización, la canción, la poesía, el lenguaje del juego, el lenguaje como juego...

✍ ***Educación Primaria***

i) Identificar y plantear interrogantes y problemas a partir de la experiencia diaria, utilizando tanto los conocimientos y los recursos materiales disponibles como la colaboración de otras personas para resolverlos de forma creativa.

j) Utilizar en la resolución de problemas sencillos los procedimientos oportunos para obtener la información pertinente y representarla mediante códigos, teniendo en cuenta las condiciones necesarias para su solución.

k) Apreciar la importancia de los valores básicos que rigen la vida y la convivencia humana y obrar de acuerdo con ellos.

Al escribir y al leer, no es cuestión de acertar, memorizar, reproducir o copiar. Son problemas complejos, cognitivos, que requieren manejar datos, formular hipótesis, planificar estrategias de resolución, buscar los recursos necesarios, realizar, encontrar soluciones y comprobar los resultados, corregir y revisar. La ortografía no es mera aplicación de la norma, es investigar, identificar problemas, sopesar alternativas, tomar decisiones, verificar, observar regularidades, comprobar...

El lenguaje, como las imágenes, transmite valores siempre, expresa una concepción del mundo, un sistema de comprender la realidad, unos principios de conducta, un código ético y de comportamiento.

EL LENGUAJE COMO ÁREA CURRICULAR: OBJETIVOS DEL ÁREA

Acabamos de ver cómo la lectura de los objetivos en cada etapa, es decir, de las capacidades fundamentales que se pretende desarrollar en los alumnos, dibujan un modelo consistente acerca de la orientación del lenguaje. Este modelo sigue perfilándose, en el Diseño Curricular, con los objetivos de área.

En Educación Infantil se ha tomado la decisión de integrar en una sola área el lenguaje oral, la aproximación al lenguaje escrito, la expresión plástica, musical y corporal, y el lenguaje matemático incluido en relaciones, medida y representación en el espacio. Se trata de articular y aproximarse a los principales lenguajes, es decir, a los instrumentos de representación de la realidad.

En Educación Primaria, el acento se pone en la comunicación y el intercambio, en el uso de distintos códigos al servicio de la expresión ajustada al contexto. El lenguaje oral, el lenguaje escrito y los sistemas de comunicación no verbal, se relacionan entre sí en la comunicación, para expresar sentimientos, desarrollar la sensibilidad, comunicar mensajes, representar, obtener placer, compartir significados, atribuir sentido y conocer la realidad.

Objetivos generales del área «Comunicación y Representación» (Educación Infantil)

Objetivos generales de área:

✔ 1. Expresar sentimientos, deseos e ideas mediante el lenguaje oral, ajustándose progresivamente a los diferentes contextos y situaciones de comunicación habituales y cotidianos, y a los diferentes interlocutores.

✔ 2. Comprender las intenciones y mensajes que le comunican otros niños y adultos, valorando el lenguaje oral como un medio de relación con los demás.

✔ 3. Comprender, reproducir y recrear algunos textos de tradición cultural, mostrando actitudes de valoración, disfrute e interés hacia ellos.

✔ 4. Interesarse por el lenguaje escrito y valorarlo como instrumento de información y disfrute, descubriendo e identificando los elementos básicos del lenguaje.

✔ 5. Leer, interpretar y producir imágenes como una forma de comunicación y disfrute, descubriendo e identificando los elementos básicos de su lenguaje.

✔ 6. Interesarse y apreciar las producciones propias y de sus compañeros y algunas de las diversas obras artísticas e icónicas que se le presentan, atribuyéndoles progresivamente significado y aproximándose así a la comprensión del mundo cultural al que pertenece.

✔ 7. Utilizar las diversas formas de representación y expresión, para aumentar sus posibilidades de comunicación.

✔ 8. Utilizar técnicas y recursos básicos de las distintas formas de representación y expresión, para aumentar sus posibilidades comunicativas.

✔ 9. Utilizar las normas que rigen los intercambios lingüísticos y las señales extralingüísticas en diferentes situaciones de comunicación para reforzar el significado de sus mensajes y atribuir sentido a lo que recibe.

✔ 10. Utilizar a un nivel ajustado las posibilidades de la forma de representación matemática para descubrir algunos objetos y situaciones del entorno, sus características y propiedades, y algunas acciones que pueden realizarse sobre ellos, prestando atención al proceso y a los resultados obtenidos.

Por su parte, en Educación Primaria, Lengua y Literatura constituyen un área específica en la que se trata de profundizar en los aspectos básicos —propios de la Primaria— del lenguaje oral y escrito.

Objetivos generales del área «Lengua y Literatura» (Educación Primaria)

Objetivos generales de área:

✔ 1. Comprender discursos orales y escritos, interpretándolos con una actitud crítica, y aplicar la comprensión de los mismos a nuevas situaciones de aprendizaje.

✔ 2. Expresarse oralmente y por escrito de forma coherente, teniendo en cuenta las características de las diferentes situaciones de comunicación y los aspectos normativos de la lengua.

✔ 3. Reconocer y apreciar la diversidad lingüística de España y la sociedad, valorando su existencia como un hecho cultural enriquecedor.

✔ 4. Utilizar la lengua oral para intercambiar ideas, experiencias y sentimientos, adoptando una actitud respetuosa ante las aportaciones de los otros y atendiendo a las reglas propias del intercambio comunicativo.

✔ 5. Combinar recursos expresivos lingüísticos y no lingüísticos para interpretar y producir mensajes con diferentes intenciones comunicativas.

✔ 6. Utilizar la lectura como fuente de placer, de información y de aprendizaje y como medio de perfeccionamiento y enriquecimiento lingüístico y personal.

✔ 7. Explorar las posibilidades expresivas orales y escritas de la lengua para desarrollar la sensibilidad estética, buscando cauces de comunicación creativa en el uso autónomo y personal del lenguaje.

✔ 8. Reflexionar sobre el uso de la lengua, comenzando a establecer relaciones entre los aspectos formales y los contextos e intenciones comunicativas a las que responden, con objeto de mejorar las propias producciones.

✔ 9. Reflexionar sobre el uso de la lengua como vehículo de valores y prejuicios clasistas, racistas, sexistas, etc. con el fin de introducir las autocorrecciones pertinentes.

✔ 10. Utilizar la lengua oralmente y por escrito como instrumento de aprendizaje y planificación de la actividad.

Como se puede ver, el acento se pone en el uso comunicativo, en los procedimientos. Se trata de aprender a hablar y a escuchar, a leer y a escribir, a combinar recursos, explorar las posibilidades comunicativas y reflexionar sobre el lenguaje. Y además, se trata de identificar las situaciones y las intenciones comunicativas: para qué nos comunicamos: para obtener placer, como medio de información, para desarrollar y compartir la sensibilidad estética, para comunicar valores y, especialmente, como medio de aprendizaje.

¿QUÉ DEBEMOS ENSEÑAR? CONTENIDOS Y CONTENEDORES

El siguiente paso en la definición del área de Lenguaje, se da en la decisión tomada acerca de los bloques de contenidos, que vertebran los aprendizajes que se pretende conseguir, al servicio de los objetivos de área y de etapa.

El área de Lenguaje incluye lo oral y lo escrito. Estos materiales tratan, únicamente, de una parte de los contenidos del área de Lenguaje: concretamente, del lenguaje escrito. Hemos dejado aparte el lenguaje oral. No porque sea de menor importancia, por supuesto, sino porque la escritura primero, y la lectura después, nos ofrecieron un campo suficientemente extenso y delimitado de experimentación.

Como se verá, no es que el lenguaje oral esté ausente en nuestra propuesta. Al leer y al escribir, hablamos siempre acerca de lo leído y lo escrito o de lo que se va a escribir.

Prometemos que, en cuanto podamos, nos ocuparemos del lenguaje oral, y de las matemáticas, y de la educación física, y de las ciencias del entorno social y natural, y de la música... ¡Qué más quisiéramos!

En el Diseño Curricular de la Educación Infantil se halla un único bloque de contenidos titulado «Aproximación al lenguaje escrito». Siempre estamos aproximándonos al lenguaje escrito. Sin embargo, el interés y las ideas de los niños de 3 a 6 años con relación al lenguaje escrito, como hemos mostrado en el primer volumen, es muy grande. En nuestra experiencia, la mayoría de niños escolarizados de estas edades pueden aproximarse al lenguaje escrito en toda su complejidad. La escuela infantil no debe exigir a los niños unos aprendizajes determinados, pero, en cambio, sí les debe ofrecer, en nuestra opinión, una aproximación *completa* al lenguaje escrito. De este modo, todos los alumnos aprenderán contenidos muy importantes, aunque en diversos grados y profundidad.

No debe ser la escuela, ni los adultos, quienes pongamos límites a la realidad que rodea a los niños. Es muy importante que los niños vivan, en sus casas, la experiencia de leer y escribir por parte de sus hermanos y padres; que vean periódicos, libros de toda clase, cómo leen y escriben los demás, que imiten y experimenten... Tales experiencias de «exposición al material escrito» se han demostrado estrechamente relacionadas con el éxito posterior en el aprendizaje y dominio del lenguaje. ¿Por qué negárselo en la escuela? Con mayor razón —porque muchos niños no viven estas experiencias— la escuela debe ser, desde el primer día, un lugar para vivir la experiencia, la necesidad y la importancia de la lectura y de la escritura.

De modo que proponemos organizar la tarea de lenguaje escrito entre 3 y 6 años, del mismo modo que la organizamos en la Educación Primaria. Con los mismos contenidos, si los entendemos como un camino a seguir, y no un resultado final exigible. Lo que varía no es el lenguaje escrito que ponemos a su alcance, sino el grado de construcción que los niños alcanzan en sus conceptos, procedimientos y actitudes acerca de ese lenguaje.

Por su parte, el currículum de la Educación Primaria, organiza los contenidos del lenguaje en cuatro bloques:

- Comunicación oral.
- Comunicación escrita.
- Análisis y reflexión sobre el propio lenguaje.
- Sistemas de comunicación verbal y no verbal.

Nos parece una visión excelente del lenguaje, que subraya su valor comunicativo y la prioridad clara del aprender a hablar, escuchar, leer y escribir en los niveles obligatorios de la enseñanza.

Nada de eso nos sobra, aunque no entramos en el bloque de Comunicación Oral. Sin embargo, el bloque de Comunicación Escrita, incluye contenidos muy diversos que nos interesa resaltar, por lo que hemos decidido desarrollarlo en cinco sub-bloques, o módulos que nos parecen suficientemente relevantes y específicos. De modo que, en conjunto, proponemos los siguientes siete módulos de contenidos:

1. En primer lugar, creemos que es muy importante estudiar las *relaciones entre el lenguaje oral y el lenguaje escrito.* No se pasa directamente de uno a otro. Ambos son dos variedades distintas del mismo lenguaje. Oralizar lo escrito es un contenido fundamental entre los 3 y los 8 años. Por otra parte, el lenguaje oral debe ser elaborado para ser escrito y ésta es una actividad que se puede abordar desde muy temprano... y que nunca se abandona.
2. En segundo lugar, hemos desarrollado un módulo específico que se refiere al aprendizaje del *sistema alfabético,* es decir a las leyes de codificación y descodificación. En realidad, éste es un aprendizaje específico de los primeros niveles de la escolaridad a que nos referimos. No debe ser el único, ni imaginarse separado del resto de aprendizajes, pero tiene suficiente consistencia como para darle un lugar propio.
3. Pero escribir no es sólo codificar, transcribir, es, sobre todo, producir textos. Y hay que aprender —y enseñar— cómo se producen textos. Incluso a los tres años. De modo que tiene sentido que organicemos unos contenidos específicos del aprendizaje de *la escritura.*
4. Del mismo modo, leer no es sólo descodificar, descifrar, es, sobre todo, comprender textos. Y eso también hay que enseñarlo y aprenderlo. El siguiente módulo, por tanto, es el de *la lectura.*
5. Para que el aprendizaje tenga sentido y para que la enseñanza del lenguaje sea significativa, siempre trabajamos con *textos* con sentido, con textura, es decir, coherencia y organización interna. Y los textos tienen, cada uno de ellos, unas características propias, unos procedimientos especiales para ser escritos y para ser leídos. O sea, que también constituyen contenidos para trabajar en la escuela.
6. Mantenemos, como es natural, el bloque de contenidos denominado *Análisis y Reflexión sobre la propia Lengua,* centrado en la reflexión gramatical, y
7. El bloque denominado *Sistemas de Comunicación Verbal y No Verbal.*

Así que hemos organizado los contenidos curriculares de lenguaje escrito en los siguientes módulos temáticos:

ORGANIZACIÓN CONTENIDOS CURRICULARES: LENGUAJE ESCRITO

1. COMUNICACIÓN ORAL	2. COMUNICACIÓN ESCRITA	3. REFL: ANÁLISIS Y REFLEXIÓN	4. VnoV: COMUNICACIÓN VERBAL/NO VERBAL
	OR-ESC: ORAL Y ESCRITO		
	ALF: SISTEMA ALFABÉTICO		
	ESC. ESCRITURA		
	LEC: LECTURA		
	TEXT. LOS TEXTOS		

Estos módulos de contenidos están desarrollados en cada uno de los siete capítulos en que hemos organizado las orientaciones didácticas. En cada capítulo, se enumeran resumidamente los contenidos correspondientes para, a continuación, desarrollarlos y explicarlos con detalle.

RELACIONES ENTRE EL LENGUAJE ESCRITO

Y otras áreas curriculares

Tanto en Educación Infantil como en Educación Primaria, el lenguaje escrito es un instrumento cultural que aparece en todas las áreas y ámbitos de conocimiento. De modo que podemos trabajar lenguaje escrito casi en cualquier actividad escolar.

En los gráficos siguientes, hemos mostrado algunos ejemplos acerca de la necesidad del lenguaje escrito en el conjunto de áreas curriculares, en ambas etapas.

Por otra parte, también es cierto que, al trabajar lenguaje escrito, si se hace de modo significativo, se aprenden multitud de contenidos además de los estrictamente lingüísticos.

El lenguaje escrito nos permite acceder a una mejor identidad y autonomía personal, a un mejor conocimiento de nosotros mismos: quiénes somos, cómo somos, nuestras emociones y sentimientos, sueños y fantasías, cómo comportarnos. Del mismo modo, nos pone en contacto con el medio físico y social: cómo es la realidad que nos rodea, la realidad inmediata así como la más lejana y exótica que compartimos los seres humanos.

Hay otros dominios, además del lenguaje, que también se escriben. Las matemáticas, la expresión plástica, la música, la danza... son lenguajes con notación propia, que se articulan a menudo con el lenguaje escrito, de modo que se enriquecen mutuamente. En Educación Infantil, todos los lenguajes se incluyen en la misma área (Comunicación y Representación). En Educación Primaria, la división en áreas específicas de conocimiento no debe hacernos olvidar las relaciones que atraviesan distintas áreas curriculares.

Y al trabajar lenguaje escrito, en un contexto interactivo, aprendemos a aprender, a compartir conocimientos, a relacionarnos y trabajar cooperativamente, a escuchar y atender a los demás, a expresarnos, a afinar nuestra sensibilidad hacia nosotros mismos y los demás...

No es preciso insistir. Gran parte de la cultura humana es cultura escrita, aunque la cultura no se reduce exclusivamente a lo escrito. Se ha acusado a la escuela de transmitir una cultura libresca, académica, y, seguramente es cierto. No estamos proponiendo volver a eso ni a que los niños pasen el día entero escribiendo. Sólo insistimos en que cuando escriban y lean, lo hagan bien: con significados claros que les ayuden a entenderse y a entender el mundo.

EL LENGUAJE ESCRITO QUE SE HALLA EN OTRAS ÁREAS CURRICULARES

EDUCACIÓN INFANTIL

- Nombre propio y Vocabulario específico: el cuerpo, la salud, los juegos, actividades cotidianas, salud y cuidados.
- Cuentos, poesías, refranes, adivinanzas y otros juegos.
- Expresión de sensaciones, sentimientos, vivencias, necesidades, etc.
- Normas de relación y convivencia; hábitos de organización, atención, iniciativa, etc.

- Nombres de familiares, de los compañeros y profesores.
- Registro de observaciones, textos expositivos. Diarios, revistas, noticias, anuncios.
- Cuentos, refranes, poemas... Tradiciones, fiestas, costumbres propios y de otras culturas...
- Conocimiento y uso de los recursos de la comunidad cercana, el barrio.
- Asumir responsabilidades, tolerancia, respeto a la diversidad...

IDENTIDAD Y AUTONOMÍA PERSONAL

COMUNICACIÓN Y REPRESENTACIÓN

MEDIO FÍSICO Y SOCIAL

LENGUAJE ORAL

APROXIMACIÓN AL LENGUAJE ESCRITO

EXP. PLÁSTICA EXP. MUSICAL EXP. CORPORAL

RELACIONES, MEDIDA Y REPRESENTACIÓN EN EL ESPACIO

- Escuchar cuentos, noticias y otros textos.
- Recitar, dramatizar, etc. textos memorizados.
- Recapitulación oral de lo leído por el profesor.
- Elaboración oral del texto que será escrito por el profesor.

- Título de los dibujos y tareas realizadas.
- Logotipos, iconos y otros símbolos con lenguaje escrito.
- Canciones y títulos.
- Danzas y canciones dramatizadas...
- Teatralización de textos memorizados.

- Diferencias entre letras y números.
- Nombre de los elementos del conjunto.
- Clasificación de objetos, con etiquetado.

EDUCACIÓN PRIMARIA

EDUCACIÓN ARTÍSTICA	EDUCACIÓN FÍSICA	MEDIO NATURAL, SOCIAL Y CULTURAL	MATEMÁTICAS
Textos prescriptivos: Instrucciones. *Textos enumerativos:* Rotulación. Poner título, o pie, a producciones de los alumnos ***Articulación de sistemas de comunicación verbal y no verbal.*** *Textos literarios:* Canciones, teatro...	*Textos prescriptivos:* Instrucciones, reglamentos, juegos, deportes.	*Textos expositivos:* Descripciones, procesos, esquemas, resúmenes, definiciones, etc. *Textos informativos:* revistas temáticas, artículos, divulgación. *Textos enumerativos:* Guías, cuadros, tablas, gráficos, listas de vocabulario por temas específicos, etc.	*Textos enumerativos:* nombres de elementos, de conjuntos, etiquetado, etc. *Textos expositivos:* Definiciones, enunciados de problemas...

CAPÍTULO 12

Criterios para la secuenciación

LO QUE *NO* ES LA SECUENCIACIÓN EN LENGUAJE

Si hemos de ser sinceros, éste ha sido el tema más difícil para nosotros. *El problema estaba en que identificábamos secuenciación a programación por niveles. Esta confusión induce a errores.*

En una propuesta basada en el aprendizaje significativo del lenguaje escrito, no tiene sentido imaginar que hay unas actividades propias del nivel de tres, cuatro, cinco, seis o siete años. Cuando lo hemos intentado, apenas hemos encontrado la escritura del propio nombre como una actividad que se enseña en tres y cuatro años y luego ya no. Pero, incluso en ésta, puedes volver a trabajar el nombre propio en Educación Primaria, incluyendo los apellidos, usando la letra manuscrita en lugar de las mayúsculas, etc. Por lo demás, tanto a los tres años como más adelante, se habla, se lee, se escribe, se reflexiona acerca del lenguaje, etc.

Tampoco tiene sentido imaginar una programación por niveles, atendiendo a tipologías de texto. No es imaginable pensar, por ejemplo, que en el primer nivel de Primaria podamos hacer textos informativos y literarios; en el segundo nivel, textos enumerativos y expositivos, etc. Eso resulta artificial, menosprecia las posibilidades de aprendizaje de los niños y constituye una imposición arbitraria y poco justificable.

Dado que nuestra propuesta no es un método, no existen apenas ni unos contenidos ni unas actividades que sean específicos de un nivel u otro.

Sin embargo, somos conscientes que existen ciertos límites en la comprensión de los alumnos que vienen determinados, por un lado, por su momento evolutivo y, por el otro, por su escasa pericia en el dominio del lenguaje escrito. Tales limitaciones, sin embargo, no afectan a los contenidos curriculares.

En cambio, lo que sí debe adaptarse a las limitaciones de los alumnos son las actividades que se realizan para aprender los distintos contenidos. Es preciso diseñar actividades a realizar con los textos, que se adapten a las posibilidades y grado de pericia de los alumnos.

Observaréis que nuestra propuesta de contenidos curriculares —exceptuando el módulo sobre sistema alfabético que es propio de los períodos iniciales— sirve para todos los niveles de la Educación Primaria.

Esto puede parecer una barbaridad, pero ¿acaso no se trata, siempre, de hablar, leer, escribir y reflexionar sobre lo que se hace? El lenguaje escrito no tiene una organización jerárquica al modo de otras áreas de conocimiento. Todos los contenidos se trabajan en todos los niveles de la escolaridad.

La edad o el nivel escolar no bastan para decidir

El rendimiento escolar, aun dentro de un mismo nivel de edades, presenta una gran variabilidad, determinada, en parte, por las diferencias individuales, pero también por las diferencias culturales y familiares. Ya hemos insistido en que el grado de exposición a la cultura impresa, influye significativamente sobre la capacidad de leer y escribir.

No es posible responder, por tanto, a qué edad *deben* haber aprendido a escribir los niños. Es una pregunta sin sentido. Tan sólo podemos hacer aproximaciones estadísticas, a condición de definir qué es lo que entendemos por escribir. Así, por ejemplo, podríamos decir que «la mayoría» de alumnos, al terminar el nivel de cuatro años, utiliza una hipótesis silábica en la escritura (escriben tantas letras como sílabas tiene la palabra). O que, al terminar la Educación Infantil, la mayoría hacen una escritura alfabética bastante correcta.

Pero, ¿de qué nos sirven estas constataciones? Apenas para nada. A los tres o cuatro años, o a cualquier otra edad, hay alumnos que no alcanzan o que superan de largo tales supuestos «niveles», ¿qué propuestas de aprendizaje se les hacen?

Desde cualquier punto de vista que consideremos, la diversidad de los alumnos es tan grande que se impone preguntarnos acerca del sentido de la noción de «nivel». La idea del nivel se relaciona con una concepción selectiva de la enseñanza. El «nivel» atribuido a cada edad sirve, básicamente, para medir a los alumnos con un rasero, para seleccionar los «buenos» de los «malos», diferenciar los que llegan al «listón» o los que no llegan, para atribuir a la estadística un alcance desmesurado de juicio de valor acerca de los alumnos.

Educar en la diversidad es otra cosa. Aprender significativamente es algo distinto de acomodarse a un listón. No se trata de saber *cuánto* sabe un niño de lectura o de escritura, si no de *cómo* escribe o lee, para saber cómo enseñarle a mejorar.

¿Cómo podríamos dejar de exigir a un alumno aventajado, que respete unas normas ortográficas que conoce, aunque éstas no sean las que correspondan a su edad? ¿Cómo podríamos exigir a un alumno menos dotado, que escriba textos semejantes a los de los adultos u otros niños que tienen mayores conocimientos?

El aprendizaje no es lineal: los contenidos no se reparten

En la concepción constructivista, el aprendizaje no constituye una línea recta en la que se van sumando conocimientos. En lenguaje, la concepción lineal del aprendizaje se expresa en términos, por ejemplo, de «primero, las letras, luego, juntarlas, luego escribir».

Por el contrario, en nuestra propuesta, el lenguaje escrito se aprende por construcción progresiva del significado del sistema alfabético y sus usos en nuestra sociedad. Esta construcción se asemeja, en todo caso, a una espiral, en la que se va dando vueltas al tema —el lenguaje escrito— en círculos cada vez más amplios, que incluyen mayores posibilidades comprensivas y expresivas.

Así, la repetición aparente de una misma actividad —comprender o escribir un texto— permite al alumno ampliar su capacidad de conocer las propiedades de lo escrito, de ampliar su dominio de los procedimientos de lectura y escritura. En ese recurrir en la lectura y la escritura, los contenidos que se aprenden se van ampliando, como en una espiral, o en el movimiento de *zoom* de la cámara, con el que ampliamos el campo o profundizamos en un aspecto de la misma imagen.

Podemos estudiar un periódico a los tres y cuatro años, y también a los doce, catorce o dieciséis años. En cada caso, las posibilidades de comprender su contenido, de apropiarse de las características propias del lenguaje periodístico, etc. serán mayores. Los recursos para profundizar en el significado serán más complejos.

¿CÓMO SECUENCIAR?

Entonces, ¿cómo secuenciar? ¡No podemos proponer exactamente la misma actividad, ni los mismos textos ni evaluar con los mismos criterios, en Educación Infantil o en Primaria!

Se trata de disponer de criterios útiles para la secuenciación de actividades y contenidos, sin caer en la programación propia de un método tradicional, ni en la trampa de imponer «niveles» arbitrarios, asociados a la edad de los alumnos.

En lo que se refiere a los contenidos, creemos que existe un contenido, y sólo uno, que es específico de un momento evolutivo de los alumnos y, por tanto, aparece destacado en unos niveles escolares y desaparece, prácticamente, en otros niveles. Se trata del módulo referido al aprendizaje del sistema alfabético, es decir, de las leyes de codificación y descodificación del lenguaje escrito. Un aprendizaje propio de la Educación Infantil y de los primeros niveles de la Educación Primaria. Tan sólo con carácter excepcional, estos contenidos aparecerán en niveles educativos superiores: alumnos mayores procedentes de otras culturas y países, alumnos con dificultades especiales de aprendizaje, etc.

El resto de contenidos del lenguaje —lo oral y lo escrito; escribir; leer; los textos; gramática; relaciones entre lo verbal y lo no verbal— permanecen constantes a lo largo de la Educación Primaria y se desarrollan en movimiento espiral, adquiriendo progresiva complejidad.

Sin embargo, estos contenidos deben adecuarse en cada situación, es decir, secuenciarse. Para adaptarlos a cada situación de enseñanza y aprendizaje disponemos de dos órdenes de criterios que es preciso combinar:

Por un lado, los contenidos deben adecuarse a las *posibilidades de aprendizaje de los alumnos*, considerando sus conocimientos previos, el grado de dominio del sistema alfabético, las características concretas de los alumnos del grupo y las diferencias individuales.

Por otro lado, los contenidos se aprenden mediante unas actividades que se adecuan a la situación de clase, definiendo las *condiciones de realización de la actividad*. Así, consideraremos como variables para secuenciar, la tipología de actividades, la tipología de textos, las características del texto concreto y los criterios de evaluación.

Los alumnos siempre utilizan lenguaje oral y escrito, leen, escriben, trabajan textos, reflexionan sobre el lenguaje, combinan lo verbal con lo no verbal... pero lo hacen según sus posibilidades y en condiciones adecuadas de la actividad.

Y, finalmente, lo decisivo son nuestros alumnos y nosotros, los profesores.

CRITERIOS PARA LA SECUENCIACIÓN DE LOS CONTENIDOS DE LENGUAJE ESCRITO	
REFERIDOS A LAS POSIBILIDADES DE APRENDIZAJE DE LOS ALUMNOS	REFERIDOS A LAS CONDICIONES DE REALIZACIÓN DE LA ACTIVIDAD
1.º Los conocimientos previos. 2.º El grado de pericia en el uso del sistema alfabético. 3.º Las características concretas del grupo. 4.º Las diferencias individuales.	1.º Tipología de actividades. 2.º Tipología de textos. 3.º Las características del texto concreto. 4.º Los criterios de evaluación.
El criterio definitivo: nuestros alumnos y nosotros	

LAS POSIBILIDADES DE APRENDIZAJE DE LOS ALUMNOS

1º Los conocimientos previos

Como en todo aprendizaje que quiera ser significativo, el diseño de actividades para el aula debe partir del conocimiento, por parte del profesor, de lo que los niños saben y piensan acerca del contenido de la actividad.

Los conocimientos previos, respecto al lenguaje escrito, incluyen, entre otros, los siguientes aspectos:

- Ideas acerca de lo que es escribir, leer y lenguaje escrito.
- Ideas acerca de la finalidad e intención del lenguaje escrito: para qué sirve.
- Ideas acerca de los procedimientos: cómo cree el niño que se escribe o se lee.
- Ideas acerca de las características de los textos que se van a trabajar.
- Ideas acerca del contenido de los textos que se propone trabajar.
- Conocimientos acerca de sus posibilidades de ejecución de la tarea, seguridad, control de su trabajo en la tarea, de la intención de la actividad, del sentido que tiene para él, etc. Es decir, autoconcepto, predisposición al aprendizaje, metacognición...
- Actitudes en relación con la situación escolar, al aprendizaje, al profesor, a los compañeros, al esfuerzo de aprendizaje, a la interacción y comunicación con los otros, al valor que concede al rendimiento en las tareas escolares, al gusto por la calidad del resultado de su esfuerzo, etc.

Este conjunto de conocimientos proceden, fundamentalmente, de su experiencia con relación al lenguaje escrito. Una experiencia activa, no meramente receptiva, frente al lenguaje que forma parte del paisaje. La intensidad y calidad de esta experiencia activa la proporcionan el medio familiar y la experiencia escolar.

Al diseñar actividades, el profesor debe adecuarlas a la experiencia previa de sus alumnos y a los conocimientos que han adquirido, refrescándolos (o activándolos) y partiendo de ellos. Ni quedarse por debajo de las posibilidades de aprendizaje de los alumnos, ni proponiendo aprendizajes imposibles: lo que se entiende como situarse en la zona de desarrollo próximo de los alumnos. Algo que todo profesor experimentado realiza con su saber pedagógico y que resulta muy difícil establecer al margen de la situación concreta.

Acerca de un texto concreto, supongamos una receta de cocina, se trata de que el profesor sepa con claridad todo lo que es posible enseñar, a nivel básico, acerca de ella. Por supuesto, en Educación Infantil escogerá recetas sencillas, que puedan llevar a cabo en la clase o en su casa. Pondrá especial atención a la lista de ingredientes, que pueden escribir todos sus alumnos, y respecto a las instrucciones, buscará fórmulas sencillas y muy estructuradas. Pero nadie puede decidir, excepto el profesor, qué receta hará a los tres o a los cinco años. Ni si hará una o diez a lo largo del curso, ni si propondrá escribirlas todas o sólo una lista de ellas, etc. ¿Por qué es más frecuente hacer recetas de cocina en Educación Infantil que en el tercer ciclo de Primaria? No lo sabemos, ni nos parece justificado. ¿Es necesario hacer recetas de cocina en clase? Bueno, no siempre, aunque tienen muchas ventajas. Quizás en lugar de recetas podemos trabajar instrucciones de juegos o trabajos manuales, que tienen la misma estructura textual. Eso es lo que el profesor debe saber: la estructura y características de los textos prescriptivos y las diversas modalidades que podemos presentar a los alumnos.

2º El grado de pericia en el uso del sistema alfabético

Entre los conocimientos previos, en las edades a que nos venimos refiriendo, ocupa un lugar de especial importancia la pericia de los niños en el uso del sistema alfabético. Los conocimientos y el dominio de los procedimientos de escritura y lectura.

Si un alumno, de la edad que sea, confunde las letras y los dibujos, eso es lo que debe aprender a distinguir en primer término. Si a su lado, un compañero escribe con letras variadas, pero no atiende a los sonidos que componen las palabras que va a escribir, eso es lo que debe aprender. Si un alumno escribe todas las vocales y alguna consonante, debe aprender a analizar y escribir todas las letras que representan a los fonemas.

Esta situación puede darse en cualquier nivel de la Educación Infantil, incluso en la Primaria. Se da, también, en las escuelas de adultos. Se da, además, escribiendo cualquier texto: una palabra, un cuento, una noticia, lo que sea.

Sin embargo, es cierto que el sistema alfabético —las leyes que rigen nuestro sistema de descifrado y transcripción de las palabras— ocupará un lugar predominante entre los objetivos de los primeros niveles de la escolaridad infantil. Aunque es posible que a los siete años, algún alumno no haya llegado a conocer estas leyes, el conocimiento del sistema alfabético no ocupará un lugar tan destacado en la actividad de clase: ya no se discutirá cuántas letras se necesitan, sino cuáles son éstas, en caso de dudas ortográficas (¿[b] o [v]?).

De modo que un criterio para ordenar y programar las actividades de clase, será el grado de pericia en el uso del sistema alfabético.

3º Las características concretas del grupo-clase

Más allá de los conocimientos previos, cada grupo-clase posee unas características que condicionan el diseño de las actividades por parte del profesor.

Nos referimos a cuestiones como el tamaño, la dinámica del grupo, la red y el tipo de relaciones que se establecen entre los niños y entre éstos y el profesor. O aspectos como el ambiente o clima de trabajo en el aula.

Los aspectos grupales son, también, un resultado de las experiencias previas del grupo en la escuela y un aspecto a incorporar en los aprendizajes que el profesor se propone enseñar. Así, un grupo-clase que no sabe trabajar en pequeños grupos, debe aprender a hacerlo, a través de una serie de actividades cuidadosamente preparadas, cuyas características deben incorporarse al texto que se quiere trabajar.

El ambiente de trabajo del aula puede favorecer una actividad muy abierta, de larga duración, dejando mucha iniciativa a los alumnos o, por el contrario, requerirá un diseño más acotado, períodos breves de trabajo, controles frecuentes por parte del profesor, etc.

Un criterio importante para organizar el trabajo en clase es el de considerar el grado de autonomía que los alumnos pueden alcanzar en la realización de tareas. La autonomía significa que puedan organizarse, tomar decisiones, controlar el proceso de trabajo para asegurarse que van a conseguir lo que se proponían, repasar, corregir, etc.

Existen, además, características de orden cultural, relacionadas con el medio ambiente en que crecen los alumnos, que deben ser consideradas al elegir unos textos u otros, unos temas u otros, un nivel de lenguaje u otro. Un cuento, un autor, un periódico o una revista pueden resultar muy distantes respecto a los hábitos culturales de un grupo de alumnos... y muy próximos y familiares en otro grupo.

Pero, ¡ojo! Estas características del grupo (dinámica, ambiente, cultura, etc.) pueden ser educadas por el profesor. No constituyen impedimentos, sino condiciones a considerar. Un profesor no puede excusarse en estos aspectos para renunciar a sus objetivos, dado que puede educarlos.

4º Las diferencias individuales

Al diseñar propuestas de trabajo en el aula, conviene recordar siempre la diversidad de nuestros alumnos. Aunque las propuestas que presentamos permiten, en general, que todos los alumnos trabajen y aprendan a la medida de sus posibilidades, en cada situación concreta, debemos asegurarnos que todos nuestros alumnos disponen, en la actividad, del margen suficiente para esforzarse, aprender algo nuevo, avanzar.

LAS CONDICIONES DE REALIZACIÓN DE LA ACTIVIDAD

La tipología de actividades

En una misma actividad —escribir o leer un texto— pueden introducirse variaciones que consideren las condiciones del grupo de alumnos. Puede variar el actor: ¿escribe el profesor, un niño, todos los niños?; puede variar la unidad sobre la que se desarrolla la actividad: los niños pueden leer algunas palabras, el título, alguna frase, algún párrafo, el texto completo...

Ante un texto cualquiera —un cuento o una noticia, por ejemplo— se pueden programar actividades de lectura que vienen claramente secuenciadas:

- Explicación por parte del profesor.
- Lectura por parte del profesor.
- Localización e identificación de palabras concretas en el texto.
- Lectura de fragmentos del texto por parte de los alumnos.
- Lectura del texto completo por los alumnos.
- Reconstrucción del texto, una vez fragmentado y desordenado.

Lo mismo sucede con actividades de escritura (de un cuento, por ejemplo):

- Escritura por parte del profesor.
- Dictado de los alumnos al profesor.
- Escribir el nombre de los personajes del cuento.
- Escribir el título del cuento.
- Escribir textos breves al pie de unas ilustraciones del cuento.
- Escribir el texto completo.
- Escribir un final alternativo al original...

Resulta evidente que el profesor será quien lleve el peso principal, al leer y al escribir, en clases de niños de tres y cuatro años: explicando el cuento, leyéndolo él, seleccionando el contenido de lo que propone escribir, escribiendo él lo que los niños resumen, etc. Pero eso no obsta para que siga siendo el profesor quien haga una primera lectura del texto que se va a trabajar, en clases de alumnos de siete u ocho años, si el texto es complicado. No se puede decir que la lectura por parte del maestro sea propia del inicio de la 2.ª etapa de la Educación Infantil y no de 2.º de Primaria.

Los niños pueden acceder, así, a toda la información que se difunde por escrito, ya sea como lector, o como oyente de la lectura; como autor que compone el texto, o como secretario del grupo que escribe lo que le dictan.

De modo que otro criterio para secuenciar, es el del tipo de actividades que proponemos a nuestros alumnos.

La tipología de textos

Algunos tipos de texto son más fáciles y adecuados para niños pequeños. Aunque éste es un criterio muy relativo y que no debe entenderse rígidamente.

Es cierto que un texto enumerativo, por ejemplo una lista de palabras, resulta más sencilla de escribir y de leer que un texto narrativo. ¿Por qué?

1. Porque en una lista de palabras no hay sintaxis: se trata de una simple secuencia de nombres yuxtapuestos.

2. Porque la escritura de nombres no requiere ninguna elaboración especial del lenguaje propio de la conversación.

3. Porque se ajusta a una hipótesis temprana, desde el punto de vista evolutivo, que consiste en creer que sólo se escriben los nombres de las personas y objetos.

Del mismo modo, diversos estudios demuestran que la estructura de un texto narrativo —un cuento, por ejemplo— es una estructura fácil de comprender desde temprana edad. Los niños están muy familiarizados con la explicación de cuentos, que contienen la misma estructura que la narración: organización cronológica, personajes definidos, relación bastante explícita de causa-efecto, etc.

En cambio, la estructura propia de un texto expositivo o prescriptivo resulta algo más compleja y requiere mayor aportación de modelos para ser asimilada en el aula. Definición de términos, uso de vocabulario técnico, argumentación, etc.

Éste es, por tanto, otro criterio útil para la secuenciación. La escritura y lectura de nombres y listas ocupará mayor espacio en la Educación Infantil. La escritura y lectura de cuentos ocupará mayor espacio en el inicio de la Educación Primaria que hacia el final de la misma.

Sin embargo, existen textos enumerativos difíciles (una tabla de precios de una agencia de viajes, por ejemplo) y textos expositivos o prescriptivos adaptados a niños pequeños.

Las características del texto concreto

A ningún profesor se le ocurre proponer la versión clásica del Quijote, íntegra, como texto de lectura en Educación Infantil. Éste es, por tanto, otro criterio de secuenciación: la complejidad del texto.

La complejidad de un texto no se mide sólo por su tamaño sino por el conjunto de sus características concretas:

1. El tema y el contenido.
2. La estructura gramatical: morfosintaxis.
3. El léxico.
4. El formato (letra menuda, libro grueso...).

Una noticia periodística resultará más adecuada a niños pequeños que un poema de Góngora, por su contenido, su estructura morfosintáctica, el léxico utilizado, etc. Todo ello hace que sea más próxima y, por tanto, más aprehensible.

Pero conviene recordar que los niños rompen muchos esquemas adultos. Algunos han aprendido a escribir y leer con cómics del tipo de *Tintín* o *Asterix* que, parecería, son propios de edades más avanzadas. Una noticia impactante promueve aprendizajes insospechados. Cuando dos ballenas quedaron atascadas en Alaska y fueron objeto de abundante información televisiva, fue preciso llevar a los parvularios esferas y mapamundis para situar Alaska. Cuando eligen temas para estudiar en clase, jamás se deciden por los temas que los adultos suponen que les van a interesar (nunca eligen la casa, el otoño, la familia, etc.) sino por temas sorprendentes (los dinosaurios, el oro, las conchas marinas, los esquimales, etc.).

También es preciso considerar que un mismo texto, un episodio del Quijote por seguir el ejemplo, puede adecuarse a nuestros alumnos de muy diversas formas, variando las condiciones de realización de la actividad: explicándolo oralmente, por ejemplo, relacionándolo con algo que justifique hablar del Quijote, etc.

Los objetivos de la actividad

Por último, un aspecto de la secuenciación es el de establecer los objetivos de la actividad en cada caso concreto, en función de las posibilidades del grupo y de cada alumno en particular.

Si se trata de escribir un texto memorizado, supongamos una canción, atenderemos únicamente a los aspectos de transcripción, ortografía, formato (respetar los versos en líneas separadas, completar la canción) y presentación (título destacado, caligrafía, posición del texto en el papel, inclusión y calidad de recursos tipográficos y de dibujo, etc.), dado que el contenido ya está construido previamente. Ciertamente, en Educación Infantil no pretenderemos la calidad ortográfica completa y pondremos el acento en el nivel de representación escrita (si utiliza sólo vocales o todas las letras, por ejemplo); no exigiremos a todos los niños que centren el texto en el papel o que respeten la separación entre todas las palabras. Aunque, en cada caso concreto, consideremos las posibilidades de cada niño, al margen de lo que la mayoría de la clase pueda hacer.

Es decir, estableceremos objetivos en función de lo que previamente han conseguido los alumnos y de aquello que nos proponemos que aprendan, situando la actividad en un proceso continuo de enseñanza y aprendizaje, ordenado en el tiempo. Y, por supuesto, evaluaremos de acuerdo a estos objetivos.

EL CRITERIO DEFINITIVO: NUESTROS ALUMNOS Y NOSOTROS

Finalmente, las características concretas de nuestros alumnos, del grupo-clase en que estamos, decidirán la forma de secuenciar y programar actividades.

Sus conocimientos previos. *Su* diversidad. *Su* predisposición al esfuerzo y al aprendizaje. *Sus* hábitos de trabajo individual y colectivo. La cultura familiar en que han crecido. La comunidad en que se ubica la escuela. Las modas y costumbres locales, etc.

Pero también, la programación de actividades a lo largo del curso vendrá determinada por el talante de los profesores. *Nuestros* conocimientos previos (sobre el lenguaje, sobre los alumnos), *nuestra* pericia y saber profesional, *nuestra* experiencia en la enseñanza del lenguaje a estas edades, *nuestros* hábitos y estilos de trabajo docente, *nuestras* pautas culturales, *nuestra* predisposición al trabajo docente...

Cada profesor marca su propio estilo. Un lector apasionado de periódicos comentará con mayor facilidad noticias, los usará en clase para trabajar y obtener información... más que otro profesor que no los compra habitualmente.

Algunos profesores consideran inadecuado trabajar anuncios comerciales en el aula.

Otros son buenos conocedores de poesía —incluso poetas— y conseguirán unos poemas maravillosos de sus alumnos.

Otros son enamorados del teatro y organizan proyectos fantásticos alrededor de representaciones teatrales.

Otros profesores son entusiastas de la naturaleza y realizan con sus alumnos proyectos preciosos, con gran cantidad de textos expositivos, incluso en Educación Infantil.

O canciones, o carteles, o cómics, o ilustraciones, o recetas, o instrucciones de trabajos manuales...

Y eso constituye una gran riqueza. Ideal. Nuestro modo de ser y de hacer comporta también unas condiciones que marcan la actividad de enseñanza en el aula. (Re)conocer estas condiciones y orientarlas positivamente constituye un buen recurso para que las cosas funcionen bien en el aula.

¿Veis por qué sería imposible realizar un libro de texto que sirviera para todo el mundo?

2ª PARTE

Orientaciones didácticas

Introducción

TODO A PARTIR DE TEXTOS

Recordemos los módulos en que hemos propuesto organizar los contenidos de lenguaje escrito:

- Relaciones entre el lenguaje oral y el lenguaje escrito. (OR-ESC)
- El sistema alfabético: codificación y descodificación. (ALF)
- La escritura como producción de textos. (ESC)
- La lectura como interpretación y comprensión de textos. (LEC)
- Los textos como unidad básica del lenguaje escrito. (TEX)
- Análisis y reflexión sobre la propia lengua. (REFL)
- Sistemas de comunicación verbal y no verbal. (VnoV)

Esta forma de organizar los contenidos sirve de guía para el profesor. Hemos advertido, en el capítulo dedicado a la secuenciación, que no puede interpretarse, de ningún modo, que esta forma de organizar los contenidos implique una programación: no se trata de trabajar primero un módulo de contenidos y después otro.

En nuestra propuesta,

Todos los contenidos se trabajan a partir de textos concretos

Es decir, a partir de un texto determinado, que tenga sentido, que esté justificado por alguna tarea o necesidad surgida en el quehacer escolar, propondremos una situación de enseñanza y aprendizaje —una actividad— en que podrán aparecer contenidos de varios módulos: lo leeremos, lo escribiremos, analizaremos sus diferencias con el lenguaje oral, reflexionaremos sobre el sistema alfabético de escritura, veremos características gramaticales de la lengua, estudiaremos la relación interna entre aspectos verbales y no verbales, etc.

No siempre, naturalmente, se trabajarán todos los contenidos en un solo texto. En ocasiones, nos contentaremos con leerlo o sólo con comentar sus características, tras una lectura hecha por el profesor. En otras ocasiones, nos interesará insistir en aspectos del sistema alfabético o de la ortografía...

Pero siempre trabajaremos los contenidos que queramos enseñar, a partir de textos concretos y significativos. Éste es el modo de asegurar que la enseñanza del lenguaje tenga sentido claro para el alumno.

De modo que la actividad de clase, la organizamos a partir de textos. Así es como hemos organizado el tercer volumen de estos Materiales (actividades y recursos para el aula).

En esta segunda parte, respecto de cada módulo, comentaremos y ampliaremos los contenidos correspondientes y, a continuación, daremos orientaciones sobre cómo enseñarlos y qué tipos de actividades escolares nos parecen adecuadas en cada caso.

Una salvedad. El módulo «Los textos como unidad básica del lenguaje escrito» aparecerá desarrollado en cuanto a los contenidos que se incluyen en cada uno. Sin embargo, por sus características, no disponen de tipos de actividades específicas: en cualquier actividad de lenguaje se trabaja con textos. Es decir, estos contenidos, se trabajan transversalmente en toda el área de Lenguaje, tal como se verá en el tercer volumen.

CONTENIDOS: CONCEPTOS, PROCEDIMIENTOS Y ACTITUDES

Cada uno de los siete módulos en los que hemos organizado los contenidos, contiene aspectos conceptuales, procedimientos y actitudes. Quizás convenga hacer algunas precisiones:

1.º Todos los contenidos se trabajan, simultáneamente, al hacer la actividad de clase. No hay actividades sólo conceptuales o procedimentales o de actitudes. La distinción entre unos y otros tipos de contenido, por tanto, es útil para el profesor, para la evaluación de la actividad, del trabajo de los alumnos y de su propia tarea docente. Pero no tendría sentido pensar en actividades específicas para unos u otros, aisladamente.

2.º El lenguaje es un instrumento al servicio de la comunicación. Quiere decir que, en clase, trabajamos a partir de los procedimientos: hablar, leer, escribir, comentar... son acciones, que implican conocimientos acerca del cómo hacerlas, es decir procedimientos. Por eso, las actividades de lenguaje en el aula se determinan a partir de los procedimientos que interesa enseñar.

3.º Sin embargo, no se trata sólo de saber hacer. En nuestra perspectiva constructivista, las ideas son muy importantes: las teorías infantiles, las nociones e hipótesis que utilizan los niños al acercarse a la lengua escrita.

Y también son importantes las ideas del profesor, que determinan sus procedimientos de trabajo y sus propuestas de actividad en clase.

Por eso, no es cuestión sólo de hacer, sino de *pensar al hacer,* o sea, reflexionar, expresar ideas, conceptualizar, establecer relaciones entre las propias ideas y la realidad del texto, etc. Lo conceptual se hace evidente —y puede transformarse— al hacer: al hablar, leer y escribir.

4º En relación con las actitudes. En el área de Lenguaje, y especialmente en una propuesta centrada en los textos sociales, constantemente estamos hablando de valores y actitudes: al comentar noticias, cuentos y fábulas, anuncios comerciales, carteles de actividades...

Sin embargo, eso no debe hacernos olvidar que las actitudes se educan —mejor incluso que con las palabras— con la actuación cotidiana en el aula:

- La forma de elegir una actividad, con participación de los alumnos o sin ella.
- La elección de textos que se van a trabajar.
- La forma de organizar la actividad, el aula, etc.
- Sobre todo, con la forma de evaluar: cómo transmitimos a los alumnos aquello que nos parece importante y esperamos de ellos: qué conducta, qué aprendizajes, qué modo de trabajar, qué esperamos de ellos.
- Y cuál es el modelo que ofrecemos a los alumnos con nuestra actuación: qué valor atribuimos al lenguaje.

CAPÍTULO 13

Relaciones entre el lenguaje oral y el lenguaje escrito

CONTENIDOS CURRICULARES

Conceptos

OR-ESC: EL LENGUAJE ESCRITO COMO VARIEDAD DEL LENGUAJE: RELACIONES ENTRE LO ORAL Y LO ESCRITO.

1. Relaciones entre la lengua oral y la lengua escrita.
2. Necesidades y situaciones de comunicación escrita en el medio habitual de los alumnos.
3. Funciones, intención y finalidad del lenguaje escrito.
4. Los instrumentos del lenguaje escrito: libros, revistas, periódicos, cuentos, carteles, etiquetas, anuncios y otros. La biblioteca.
5. Variantes de la lengua escrita. Diversidad lingüística y cultural en la sociedad, en España y en el mundo.

Procedimientos

OR-ESC: PROCEDIMIENTOS DE ARTICULACIÓN ENTRE EL LENGUAJE ORAL Y EL LENGUAJE ESCRITO.

1. La verbalización de lo escrito:
   1.1. Atención y comprensión de narraciones, cuentos y otros mensajes leídos por un adulto o un compañero.
   1.2. Recapitulación oral de lo leído.
   1.3. Reconstrucción oral de cuentos y narraciones.
   1.4. Recitar, dramatizar, cantar, exponer, etc. textos escritos memorizados, empleando la pronunciación, el ritmo, la entonación y la gesticulación adecuados a su contenido.
2. Elaboración oral del pre-texto que va a ser escrito.
3. Preparación de exposiciones orales.

Actitudes

OR-ESC: ACTITUDES CON RELACIÓN AL LENGUAJE ESCRITO Y SU RELACIÓN CON LA LENGUA ORAL.

1. Valoración de la lengua escrita como medio de información y de transmisión de cultura, y como instrumento para planificar y realizar tareas concretas.
2. Valoración de la lectura y de la escritura como fuente de placer y diversión.
3. Motivación; curiosidad; autonomía; iniciativa personal; creatividad; actitud interactiva y cooperadora; respeto a la diversidad de sus compañeros y autoevaluación positiva, pero crítica, de sí mismo en las actividades relacionadas con el lenguaje escrito.
4. Gusto y placer por escuchar y mirar cuentos y otros textos que el adulto lee a los niños.
5. Valoración y participación activa en actividades de recitado, dramatización, exposición, etc. de textos en clase.
6. Valoración y participación en actividades de reconstrucción oral de cuentos y narraciones.
7. Participación activa, reflexiva y constructiva en la recapitulación de textos leídos.
8. Participación activa, reflexiva y constructiva en la elaboración del pre-texto.
9. Respeto y cuidado de los materiales e instrumentos del lenguaje escrito (libros, revistas, etc.).
10. Respeto y adaptación a las normas de uso en las bibliotecas.
11. Valoración de la diversidad lingüística y cultural de la sociedad, de España y del mundo.

DESARROLLO DE LOS CONTENIDOS

Lenguaje oral y lenguaje escrito

El lenguaje oral y el lenguaje escrito son dos variedades del lenguaje.

Al enseñar y aprender lenguaje escrito, sin embargo, es fundamental descubrir aquello que es específico del lenguaje escrito, sus diferencias con lo oral. Estas diferencias se aprenden en contacto con el lenguaje escrito, analizándolo y reflexionando sobre sus características.

Por una parte, tenemos el lenguaje oral propio de la conversación, lo que se habla en la vida cotidiana. Por otra parte, el lenguaje escrito registrado en los textos.

Veamos algunas de las diferencias entre el lenguaje oral, propio de la conversación, y el lenguaje escrito:

El lenguaje oral

- Comunicación inmediata y simultánea.
- Contexto compartido.
- Mucha información implícita.
- Mucha información no verbal: gesto, entonación, expresividad....
- Sobrentendidos e improvisación.
- Las palabras se las lleva el viento.
- En cada versión, el mensaje cambia o se modifica.

El lenguaje escrito

- Comunicación mediata y distante en el espacio y/o en el tiempo.
- Necesidad de explicitar toda la información necesaria.
- Lo escrito permanece fijo y perdura en el tiempo.
- Mayor grado de elaboración.

Las situaciones de comunicación son, asimismo, distintas: para hablar usamos la conversación, la exposición oral, el debate, etc. Para escribir usamos distintos tipos de texto según la situación y la intención que nos lleva a escribir.

Hablar sirve para comunicar. Escribir también, pero además sirve para recordar, registrar, conocer ideas y acontecimientos lejanos, estudiar, llegar a más gente, etc.

Sin embargo, hay también muchas situaciones intermedias: podemos utilizar lenguaje escrito al hablar, al cantar, recitar poemas, dramatizar obras teatrales o exponer un tema previamente escrito.

Y, por otra parte, al escribir, podemos transcribir lo oral: en los diálogos, en el registro de lo dicho por alguien, etc.

Tiene especial interés que nos detengamos en estas formas intermedias entre lo oral y lo escrito. Existe un lenguaje oral que, sin embargo, posee las características de lo escrito. Este tipo de lenguaje oral elaborado forma parte del contexto en que crecen los niños: está en la televisión, en la radio, en las canciones, en los cuentos que se le explican, en los espectáculos a los que asiste. Aun antes de escribir y leer, el niño conoce un modo de lenguaje que es distinto al de la conversación y que le será muy importante para acceder a la escritura.

El lenguaje escrito, además, se da en unos materiales específicos: libros, revistas, periódicos, cuentos, carteles, etc. Estos materiales deben ser conocidos, usados y valorados: lo mejor es traerlos y usarlos adecuadamente, en clase.

Existen lugares específicos para leer y conectar con lo escrito: las bibliotecas. En la escuela, lo niños deben, también, aprender a usarlas. No sólo el recinto propio de la biblioteca de la escuela, del barrio o pueblo, etc. También la biblioteca del aula, como la que debiera haber en cada casa, deben ser cuidadas, enriquecidas constantemente, usadas y valoradas.

Por último, hay muchas variantes de la lengua oral y escrita. La diversidad lingüística refleja la diversidad cultural que es una riqueza y un patrimonio para conservar y desarrollar. En España, existen varios idiomas: castellano, gallego, catalán, euskera y muchas variantes dialectales y locales. Es recomendable disponer, en clase, de libros y cuentos en esos idiomas. En el resto del mundo, la diversidad lingüística es enorme. La presencia en nuestras aulas de alumnos inmigrantes nos ayuda en la tarea de traer a la escuela parte de esa riqueza cultural: periódicos, cuentos y leyendas árabes, americanos, africanos, europeos...

La verbalización de lo escrito

Mucho antes de saber leer, el niño entra en contacto con las características del lenguaje escrito a partir de la lectura que los mayores le hacen de cuentos, poemas y otros textos. Como hemos venido insistiendo, esta actividad —leer a los niños pequeños— resulta tener una gran importancia para predecir el futuro desarrollo de la competencia lectora y escritora.

Leer a los niños, en clase, cuentos, poemas, avisos, noticias del periódico y toda clase de textos resulta una necesidad educativa. El profesor, al leer para los niños, no sólo les pone en contacto con textos escritos, les muestra, además, un modelo de cómo se lee. Por eso es importante que, al leer en voz alta, el profesor muestre las estrategias que utiliza para leer: hojea el libro o periódico, justifica su elección, se entretiene en comentar lo que le sugiere el título —y pregunta qué es lo que les sugiere a los niños—, lee con determinado ritmo y entonación, se plantea preguntas mientras lee, formula en voz alta lo que va pensando mientras lee, elabora hipótesis y anticipaciones de lo que puede venir a continuación, recapitula lo que ha leído, lo resume y comenta, transmite las impresiones que le produce la lectura del texto, etc.

Por su parte, los alumnos deben ir adquiriendo los procedimientos y los hábitos adecuados a esta situación de lectura: postura relajada, atención, respetar el silencio, dejar que los otros escuchen y participar, también, activamente en la lectura: esforzarse por comprender, dejarse llevar por los sentimientos que genera la lectura, preguntar lo que no se comprende, anticipar lo que vendrá a continuación, recapitular, resumir, comprender, identificar dudas o situaciones que afecten a la comprensión del texto, ampliar luego la lectura con comentarios, sugerencias, fantasías que ha asociado, etc.

Tras la lectura, existen dos tipos de procedimientos que conviene enseñar a los niños. Por una parte, los procedimientos de recapitulación: resumir lo escrito, identificar los aspectos fundamentales del texto, las ideas principales, la intención, los matices importantes, el orden de las ideas. El grado de participación de los alumnos en esta tarea dependerá de la dificultad del texto y de las habilidades de los alumnos. El profesor completará el trabajo de los alumnos, ayudándoles a conseguir una comprensión correcta de lo leído, aclarando errores, etc.

Por otra parte, resulta muy útil para el aprendizaje la tarea de reconstrucción oral de los cuentos y narraciones. En este caso, no sólo atendemos al contenido, al argumento, como sucede en la recapitulación; se trata, además, de asimilar los aspectos formales propios del texto escrito: las fórmulas iniciales y finales, los adjetivos más llamativos que se usan en el texto, las frases o expresiones literarias que determinan la belleza del texto, los juegos de palabras, rimas, canciones o poemas que se incluyen en el cuento, etc. Esta actividad puede preparar la re-escritura del cuento por parte del profesor o de los propios alumnos o, simplemente, tener sentido en sí misma, como un modo de completar y dominar la lectura.

Otros procedimientos de articulación entre lo escrito y lo oral, derivados de la lectura que se le hace al niño o que hace él cuando puede hacerlo, consisten en tareas de memorizar, recitar, dramatizar, cantar o hablar de los textos. Estas tareas requieren, asimismo, procedimientos específicos: pronunciación, ritmo, entonación y gesticulación adecuados al contenido del texto y a la intención comunicativa. Esto también hay que enseñarlo en la escuela.

La elaboración del lenguaje oral para pasarlo a escrito

Escribir no consiste en transcribir lo oral: no es una traducción directa de lo oral a lo gráfico. Al escribir, sometemos el lenguaje que hablamos a un proceso de elaboración:

En relación con el lenguaje oral, al escribir...

- Efectuamos una *selección* de lo que se dice, evitamos dudas, repeticiones, vacilaciones. Construimos frases cortas y completas...
- Usamos un lenguaje más *formal* que al hablar: cuidamos el léxico, la construcción, la sintaxis, etc.
- Nos esforzamos en *precisar* mejor nuestras *ideas:* ordenarlas, jerarquizarlas, argumentar.
- Dedicamos *tiempo* a preparar lo que se va a escribir: hacemos un guión previo, consultamos datos, construimos el texto, lo repasamos y corregimos, etc.

Este proceso de elaboración del lenguaje oral para convertirlo en lenguaje escrito es un contenido fundamental en la enseñanza de la lengua. Es necesario para aprender a escribir correctamente.

En la escuela es fundamental generar situaciones en que, hablando, se elabore lenguaje escrito. Por ejemplo, al preparar colectivamente el texto que se va a escribir a continuación (lo que llamamos elaboración del pre-texto). ¿Por qué es tan importante?

Porque es la situación que permite *enseñar explícitamente* cómo se construye un texto, cómo se elabora el lenguaje cotidiano para convertirlo en escritura. Habitualmente, este proceso que hacemos todos al escribir ocurre en nuestra mente: no es visible desde el exterior, constituye una parte oculta del proceso de escritura.

Todos estos contenidos se van aprendiendo, desde muy temprano, en contacto reflexivo con el lenguaje escrito y en las actividades cotidianas de clase. Algunas actividades parecen especialmente idóneas para ello.

Preparación, escrita, de exposiciones orales

A veces, lo que se dice requiere, también, una preparación previa. Así hay procedimientos de escritura para preparar una intervención oral. Por ejemplo, los niños que deben comunicar un aviso al profesor o a los alumnos de la clase de al lado y lo escriben para recordarlo. O cuando se trata de preparar un tema y exponerlo a los compañeros o a alumnos de otros cursos. Hay que elaborar un guión, tomar notas, pensar formas adecuadas de transmitir la información; cuidar el volumen, el tono de voz, el lenguaje gestual, etc. Si un alumno necesita escribir todo el texto que se va a exponer oralmente, debe cuidarse que la forma escrita considere la situación, oral, en que se expondrá.

Veamos ahora algunos tipos de actividades que resultan útiles para enseñar las relaciones entre lo oral y lo escrito.

TIPOS DE ACTIVIDADES

Explicación de textos

Es la forma más sencilla de entrar en contacto con el lenguaje escrito. En clase, los profesores están constantemente explicando cosas.

Sugerimos añadir, además, la explicación —cuando no es adecuado leerlos— del contenido de distintos materiales escritos. Además de explicar cuentos, podemos explicar noticias del periódico, el contenido de los folletos que están al alcance de los niños, los carteles que llegan a la escuela, cartas que se reciben, etc.

De ese modo, los niños se acercan al lenguaje escrito y a su uso, interés, importancia, valor...

Lectura de textos por parte del profesor

Es extremadamente importante y educativa. Wells (1988) afirma que los niños a quienes se les ha leído cuentos en casa están en mejores condiciones para el aprendizaje escolar que aquellos que no han vivido esta experiencia. En los primeros años de escolaridad, la escuela debe intentar compensar esta desigualdad.

No sólo cuentos. Todo tipo de textos.

Al leer a los niños, no sólo se enteran del contenido (el argumento del cuento...). Además, entran en contacto con el lenguaje escrito y sus características: un cuento leído, siempre es igual (a diferencia de cuando lo explicamos); dispone de un vocabulario especial, unas construcciones típicas, frases significativas, etc. Así se aprende lenguaje escrito aún antes de escribir y leer.

Además, hay otro aprendizaje fundamental. Ver cómo se lee. El profesor hace de modelo y enseña al alumno:

- Cómo y por qué se elige un texto y no otro.
- Cómo valora el título, cómo imagina de qué tratará el texto, se formula preguntas, anticipa lo que va a venir, usa las ilustraciones para saber de qué va, ojea el libro para orientarse...
- Qué es lo que piensa mientras lee: se interrumpe, hace comentarios, precisa el significado de lo leído, insiste en un punto dudoso o difícil, adivina lo que sucederá a continuación, se asegura de entender bien el texto...
- Cómo se lee: el profesor señala a los niños dónde está el texto, resigue con el dedo lo que va leyendo, para subrayar la correspondencia entre lo que dice y lo que está escrito, vuelve las páginas, etc.

Para ello, basta que el profesor *piense en voz alta antes, durante y después de la lectura.* Al pensar en voz alta, explicita a sus alumnos lo que sucede en el pensamiento cuando se lee. Algo que, de lo contrario, no se ve... ni se aprende. Leer no es sólo descifrar o articular sonidos: es una actividad cognitiva compleja.

Reconstrucción oral de cuentos y narraciones

Se trata de un paso más en el proceso de aprendizaje. Una vez leído un cuento, los alumnos lo reconstruyen. La reconstrucción no es sólo un resumen del argumento, del contenido del cuento o la narración. En la reconstrucción interesa, además de la fidelidad al argumento, la utilización de los elementos lingüísticos propios del cuento y de la narración. Al reconstruir el cuento habrá que empezar con las fórmulas propias del cuento («había una vez...), utilizar literalmente expresiones típicas del lenguaje (canciones, rimas, frases repetitivas, etc.) y respetar las formas propias del final (colorín, colorado...)

Al recomponer el texto, no se limitan a imitar: aportan sus propias ideas acerca de cómo se construye el texto y acerca del contenido. De ahí surge el debate y el aprendizaje compartido: acerca de la estructura del cuento o texto, del esquema narrativo, de la lógica del texto, de la inserción de frases o elementos característicos.

La reconstrucción oral (colectiva, en grupo-clase o grupo pequeño con la presencia del profesor) tiene valor en sí misma para asegurar la comprensión del texto y de sus características y para recordarlo. Es una tarea imprescindible para trabajar los textos en el aula.

Además, constituye un ejercicio perfecto para la preparación de la escritura. Al reconstruir un texto leído, cada alumno se lo puede representar y elabora un texto que puede ser escrito: por el profesor o por ellos mismos, eso es lo de menos. Un texto con características específicas, que han sido aprendidas al leer.

En alguna ocasión, podemos grabar en casete el resultado de la reconstrucción. Tras una nueva lectura del cuento, la audición de la cinta permite comprobar el ajuste de lo oral a lo escrito, completarlo, revisarlo, etc.

¡Insistimos! Lo importante no es imitar, reproducir, memorizar. Lo importante es aprender y asimilar las características del texto escrito.

Dictar al profesor

Un paso más hacia la escritura. La reconstrucción oral de un texto puede culminar en la tarea de que los alumnos dicten al profesor el texto elaborado por ellos a partir del original. Así, el resultado de lo reconstruido, se escribe.

Con esta actividad, en primer lugar, los niños aprenden para qué sirve escribir y cómo se hace. Se escribe a partir de lo que se piensa y se construye colectivamente. El profesor lo escribe de determinado modo (usa letras, alineadas, de izquierda a derecha, pone signos de puntuación, corta y separa palabras, frases, párrafos...). Al escribir, se para, relee lo ya escrito, comprueba que no olvidamos nada importante, que no repetimos cosas, que se sigue un orden lógico, etc. Se puede revisar y corregir sobre la marcha: esto lo pondremos aquí y esto allá.

Y, además, permite enseñar y aprender la diferencia entre lo oral y lo escrito; no todo lo que se dice en el aula se va a escribir: los comentarios, exclamaciones, etc. no se escriben. Únicamente una parte —muy seleccionada— de lo que se dice, se va a escribir en la pizarra o en el papel.

Ésta es una actividad adecuada para la preparación de textos que deben ser construidos mentalmente antes de ser escritos, como, por ejemplo, fragmentos de cuentos, titulares de noticias, definiciones, etc.

Veamos un ejemplo:

Actividad: RECONSTRUCCIÓN ORAL Y DICTADO AL PROFESOR

Se trata de una clase de niños de 5 años. La maestra trabaja con un grupo de siete alumnos, mientras los demás se dedican a otras tareas. Les propone que le dicten el cuento de *Las siete cabritillas y el lobo*, ya muy conocido.

M: —Primero el título, ¿qué título tiene este cuento?

Todos: —Las siete cabritillas y el lobo.

M: — Venga, ¿qué pondremos ahora para explicar el cuento?

Carlos: — Había una vez una madre que tenía siete cabritas

Silvia: —Ponlo con el número 7.

Carlos: —Y un día se fue a comprar y dijo: «No abráis a nadie la puerta».

M: — Espera, espera, ¿pongo siete en número? ¿Qué os parece?

Todos: — Sí.

Carlos: —Y un día se fue a comprar, su madre, y dijo: «No abráis a nadie la puerta», pero mientras, al cabo de un rato, llega el lobo y dice «Pom, pom, soy vuestra madre»...

M: —Espera, espera, no vayas tan deprisa. Yo voy a leer hasta aquí a ver si estáis de acuerdo con todo lo que he escrito. (Lee, resiguiendo con el dedo): Había una vez una madre que tenía siete cabritas, *ponlo con el número siete,* y un día fue a comprar y dijo: no abráis la puerta a nadie, *y un día se fue a comprar, su madre, y dijo no abráis a nadie la puerta,* pero mientras, al cabo de un rato, llega el lobo y dice...

Irene: Ya lo habías puesto el número siete, ¿por qué vuelves a escribirlo? Bórralo. (M. borra el segundo siete, mientras Irene relee)

Irene: —No, no, todo: «ponlo con el número 7» no es del cuento. (M. borra la frase)

Silvia: Carlos ha repetido un trozo, volvamos a leer, Ah! sí, «un día fue a comprar....» (M. borra la frase)

Comentario: observad el uso de formas canónicas. Cómo se diferencia entre lo «que se dice para escribir» de lo que se dice y no debe ser escrito. Cómo se advierte que escribiendo no hay que repetir las cosas...

Memorización de textos

También es una tarea tradicional en la escuela y fuera de ella. Se memorizan canciones, poemas, pareados, fragmentos de cuentos, anuncios, chistes, anécdotas, etc.

Entre otros objetivos, la memorización sirve para aprender y verbalizar textos escritos con sus características propias, distintas de lo oral. Refuerza, asimismo, el valor de lo escrito y la verbalización como juego, entretenimiento, placer. Educa la sensibilidad estética, si el texto está bien escrito...

Recitado y dramatización

Del mismo modo, son actividades tradicionales de gran valor en el aprendizaje de las características de lo escrito.

Más adelante, además, el recitado y la dramatización son una forma de dar a algunos géneros literarios su auténtico valor y sentido: los poemas, el teatro, etc. se escriben precisamente para ser representados.

Exposiciones orales

Es la forma adecuada para establecer relaciones entre lo oral y lo escrito en textos expositivos. Un trabajo escolar, escrito, realizado por un alumno o un grupo, debe ser presentado a sus compañeros.

La simple lectura de lo escrito no es adecuada a la situación. Se debe procurar leer lo menos posible, más bien explicar con claridad lo que se ha escrito, en una forma específica: la del texto —oral— expositivo.

ASPECTOS PARA OBSERVAR EN CADA TIPO DE ACTIVIDAD

▶ *Explicación de textos*

Seguimiento de las explicaciones del profesor.

Comprensión del significado, ideas principales, detalles específicos...

Aportación de opiniones, formulación de preguntas, respuesta a cuestiones planteadas...

▶ *Lectura de textos por parte del profesor*

Seguimiento de la lectura del texto.

Comprensión del significado.

Aportación de opiniones, formulación de preguntas, respuesta a cuestiones...

▶ *Reconstrucción oral de cuentos y narraciones*

Reelaboración del texto leído o explicado.

Fidelidad al texto original.

Coherencia en el desarrollo del tema.

Apropiación de fragmentos textuales inalterables del modelo.

▶ *Dictar al profesor*

Elaboración del texto que pasa a ser escrito.

Coherencia y orden del texto dictado.

Autorregulación de lo que se dice y forma parte —o no— del texto; de lo que debe escribirse; de lo escrito y de lo que falta.

▶ *Memorización de textos (canciones, poemas, refranes...).*

Retención del texto.

Comprensión del significado.

▶ *Recitado y dramatización*

Reproducción y representación gestual y corporal del texto.

Verbalización: ritmo, entonación, pronunciación...

▶ *Exposiciones orales*

Selección de los contenidos aprendidos para exponer.

Ordenación coherente de los contenidos, seguimiento del guión previo...

Exposición clara y ordenada.

Aclaración de dudas y cuestiones aportadas por los compañeros.

Verbalización.

Capítulo 14

El sistema alfabético

CONTENIDOS CURRICULARES

Conceptos

ALF: EL SISTEMA ALFABÉTICO.

1. Diferencias entre la escritura y otras formas gráficas.
2. Conocimiento de las letras y convenciones de la escritura (linealidad, orientación izquierda / derecha, etc.).
3. Conocimientos sobre el sistema de codificación del lenguaje escrito (escritura).
4. Conocimientos sobre el sistema de descodificación del lenguaje escrito (lectura).

Procedimientos

ALF: PROCEDIMIENTOS DE CODIFICACIÓN Y DESCODIFICACIÓN EN EL SISTEMA ALFABÉTICO.

1. Diferenciación entre las formas escritas y otras formas gráficas de expresión.
2. Utilización del conocimiento de las letras y de las convenciones del sistema: linealidad, orientación izquierda-derecha, distribución del texto en el espacio...

3. *PROCEDIMIENTOS DE CODIFICACIÓN* (escritura):

3.1. Uso de conocimientos acerca del sistema alfabético:

- Utilización de criterios cuantitativos y cualitativos (variedad) en el uso de las letras (u otras grafías) para escribir nombres y/o comparar palabras.
- Relación entre las letras y los sonidos de la palabra. Identificación y segmentación silábica y fonética.
- Asociación sonido-letras.
- Hipótesis ortográficas.

3.2. Procedimientos gráficos de la escritura de las letras y las palabras.

4. *PROCEDIMIENTOS DE DESCODIFICACIÓN* (lectura):

4.1. Uso de conocimientos acerca del sistema alfabético:

- Reconocimiento del propio nombre y otras palabras.
- Utilización de la imagen y el contexto como indicadores. Utilización de índices textuales cuantitativos para la interpretación del texto.
- Utilización de índices cualitativos (letras) para la interpretación del texto.
- Lectura ajustada al texto.

4.2. Procedimientos de vocalización, silabeo, lectura global y rapidez lectora.

Actitudes

ALF: ACTITUDES CON RELACIÓN AL APRENDIZAJE DEL SISTEMA ALFABÉTICO.

1. Predisposición favorable al aprendizaje escolar: curiosidad, interés por lo que se plantea en el aula, atención, autonomía, etc.
2. Valoración del esfuerzo personal de reflexión como fuente de aprendizaje y crecimiento personal.
3. Autoconcepto positivo, valorando las propias posibilidades de reflexión y argumentación acerca de lo que se escribe.
4. Conciencia y aceptación de las propias limitaciones y valoración de las dificultades como reto a superar.
5. Predisposición a la interacción y trabajo cooperativo. Aceptación de la diversidad de ritmos y aprendizajes entre los compañeros del grupo.

DESARROLLO DE LOS CONTENIDOS

Aprender las letras, escribiendo textos

A escribir y a leer, se aprende escribiendo y leyendo textos.

En la escuela, sin embargo, lo tradicional ha sido dedicar un largo período de tiempo —varios años— a escribir sólo para aprender a transcribir: se ha construido un lenguaje escrito que sólo existe en la escuela, con objeto de enseñar a codificar. Los demás aspectos de la escritura: crear textos, usarlos para comunicarse, disfrutar escribiendo, etc. se han pospuesto hasta mucho más adelante. Incluso la enseñanza del código se ha fragmentado: grafías por un lado; análisis fonético por otro; letras separadas y en un orden rígido ([p], [l], [m]...); copia, dictado y ortografía, etc.

Del mismo modo se procede con la lectura: se leen letras solas o muy repetidas (algo ilógico para el pensamiento infantil), se descifra letra por letra, para luego, dedicar un largo tiempo a aprender a globalizar la palabra y la frase para reconquistar el sentido que se perdió al aprender.

El aprendizaje del código de desciframiento y transcripción forma parte del aprendizaje de la lectura y de la escritura. Y no tenemos por qué separarlo ni hacerlo previamente. Como al aprender a hablar.

El peso del desciframiento y de la transcripción —en la actividad escolar de lectura y escritura— está en función de las posibilidades del alumno y de sus necesidades. Por supuesto, en los primeros niveles de la escolaridad, el aprendizaje de las letras ocupa un espacio importante, dentro de cada una de las actividades de lenguaje.

Pero del mismo modo que no esperamos a que el niño sepa leer bien para leerle cuentos, nombres, canciones, anuncios y noticias, tampoco tenemos que esperar a que sepa escribir para escribir para él. Mensajes que quiere comunicar, completar lo que él escribe; o podemos escribir, debajo de su escritura, lo que él quiere comunicar y que otro no entendería. En estos casos, el niño ha hecho lo más importante de una escritura: construir, componer el texto comunicativo. La transcripción del profesor o adulto ayuda a que el mensaje del niño alcance su objetivo. El alumno debe leer y escribir hasta donde pueda y contar con nuestra ayuda para avanzar.

Escribir con mayúsculas

Recomendamos el uso de letras mayúsculas en el período inicial de aprendizaje de la lectura y de la escritura. Más o menos hasta que conocen casi todas las letras y empiezan a tener soltura en la escritura de palabras (por ejemplo, al final de la Educación Infantil o al iniciar la Primaria). ¿Por qué?

1.° Porque las mayúsculas son unidades discretas, que se pueden diferenciar y contar. Es más fácil percibirlas por separado y distinguirlas unas de otras. Y, además, los niños pasan mucho tiempo contando cuántas letras hay o debe haber en un nombre. Si hay más o menos; muchas o pocas; las mayúsculas se lo facilitan.

2.° Porque las mayúsculas son más fáciles de escribir. La letra de palo tiene menor complejidad gráfica y, desde muy temprano, los niños pueden escribirlas con bastante corrección. La letra manuscrita es más difícil, especialmente para niños de 3 y 4 años.

No hay otros motivos importantes en favor de las mayúsculas en los períodos iniciales. Quizás podamos señalar que en el lenguaje de la calle, en los anuncios, tiendas, etc. es frecuente el uso de las mayúsculas, por lo que no le resultan raras al niño. De todos modos, no es una norma intocable, es sólo una forma de facilitar las cosas. En nuestra experiencia, el uso de las mayúsculas no supone ningún perjuicio ni ningún problema al pasar a letras manuscritas convencionales. Una vez sabe escribir, hacerlo «como los mayores» no tiene otra dificultad que la motriz. Y escribir mucho, cuidar la presentación y disfrutar al escribir, son los mejores ejercicios caligráficos.

Hay una dificultad en el uso de las mayúsculas. En el mercado apenas existen —por ahora— textos literarios infantiles escritos con mayúsculas, lo que supone una dificultad al proponer la lectura a los alumnos. En cambio, los periódicos aportan muchas mayúsculas: titulares, anuncios, etc. El tipo de letra no debe inhibir que les mostremos toda clase de textos. Los cuentos los leemos en función de su contenido y no de su tipografía. La variedad tipográfica, por otra parte, también es un conocimiento que los niños aprenden, en contacto con la realidad.

Al proponer actividades de lectura, en los primeres niveles de la escolaridad, los profesores pueden utilizar letras mayúsculas: al escribir en la pizarra, al prepararles materiales de lectura en clase. Afortunadamente, los textos apropiados para que los niños lean en estas edades no son muy extensos.

El nombre propio

El texto primordial es el nombre propio. El primer texto que un niño quiere reconocer (leer) y escribir es su propio nombre. También se interesa por el nombre de sus padres y hermanos, de sus compañeros y profesores, de los animales de compañía o de los objetos predilectos.

Desde muy pequeño —ciertamente desde el primer día de clase a los tres años, por lo menos— el nombre de cada uno debe estar presente en el aula y ocupar un espacio importante: la lista de alumnos de la clase; señalar el colgador, las carpetas, la bata, la mesa y la silla de cada cual. Un mural con bolsas transparentes con el nombre de cada uno, visible y fácil de poner y quitar, por ejemplo. Las tareas que hay que ejecutar y el responsable de cada una de ellas, etc. ¿Por qué no usar las letras en lugar de —o al lado de— otros símbolos de representación?

Lo que aprenden a partir de los nombres propios (contenidos)

No se trata únicamente de mirar los nombres propios escritos en el aula. Se trata de leerlos (reconocerlos) y escribirlos: al pasar lista, al repartir el material; al ver los que se quedan a comer, o faltan en clase, o están ocupados en algo especial, etc. Con esa actividad, aprenden:

- La diferencia entre letras y dibujos.
- La diferencia entre letras y números (porque también ven números escritos siempre que conviene: en el calendario, en el número de los que faltan, el precio de una excursión, el número del autobús, el número de la casa de cada cual en la dirección; la talla de la ropa y el calzado; el apartado postal en las cartas, etc.).
- La diferencia entre letras y garabatos.
- El carácter discreto de las letras. Las diferencias entre las distintas letras.
- La orientación izquierda-derecha del nombre y de la escritura.
- La cantidad de letras del nombre y el orden en que están escritas.
- Que lo escrito sirve, de verdad, para algo concreto.
- Los nombres de las letras y otras asociaciones de las letras: («La Ce», «La [k] de Carmen», «La letra de Carmen»).
- Un amplio repertorio de letras (en la lista de alumnos de una clase acostumbran a salir casi todas las letras, si no todas).
- Un excelente ejercicio grafo-motor, al escribir. Un ejercicio de memorización, al leer.
- Una fuente de consulta y una colección muy importante de recursos para aprender las letras, escribir cualquier otro nombre, etc.

Por otra parte, el nombre propio tiene unas características definidas. Por ejemplo, es fijo: siempre igual. Un niño puede adoptar un procedimiento silábico para escribir cualquier palabra...menos su nombre, que se escribe siempre igual, completo. Lo mismo sucede al escribir el nombre de los otros: nadie aceptará que su nombre sea escrito por alguien de modo fragmentario, o desordenado o incompleto. Es un texto con auténtico significado para el niño: lo designa, marca su territorio y propiedad, lo identifica. Es la firma. Es extraordinariamente motivador.

Al manejar todas las letras, por otra parte, los niños las van aprendiendo, según un orden que apenas tiene nada que ver con el orden convencional en muchos métodos. La X de Xavier, la K de Karim, la Z de Zora, por ejemplo, pueden ser aprendidas mucho antes que la M o la P (o no).

Nombres de los niños de la clase. Los que tienen 4 y 5 años, en un aula de cuatro años. Los niños que asisten a una coral escolar.

Otros textos significativos para aprender el sistema alfabético: nombres comunes y listas

Durante un largo período de tiempo (variable en cada niño pero habitualmente de 3 a 5 años), los niños están firmemente convencidos de que sólo se escriben nombres. Es la hipótesis del nombre como texto escrito.

Por ello, la escritura es, en estos niveles escolares, una escritura de nombres. Eso, además, facilita el aprendizaje de la escritura. Los nombres pueden ser textos autónomos, llenos de sentido para el niño, con algunas condiciones:

- Cumplir una función designativa (etiquetar, nombrar...).
- Formar parte de un campo semántico definido (nombres de juguetes; de animales; de cualquier cosa que se trabaja en el aula, que se ha observado, etc.) cuya enumeración resulte útil para algo.
- Formar parte de listas para recordar algo (la compra, la carta de los reyes, ingredientes de una receta, materiales que hay que traer a la escuela, equipaje para una salida, etc.).

En cambio, escribir nombres puede no ser un texto significativo. Por ejemplo, cuando buscamos palabras que tengan la U, cuyo interés únicamente se da en un contexto escolar muy restringido, cuya lógica puede fácilmente escapársele al niño.

La escritura de nombres será el texto más habitual en Educación Infantil... y seguirá siendo habitual en Educación Secundaria (examen tipo test; lista de afluentes; símbolos químicos, unidades de fuerza o electricidad...).

Títulos, pies de fotos, anuncios...

Pero, desde el primer día, el niño está en contacto con textos completos y complejos: los cuentos y textos que lee el profesor, por ejemplo. En ese contacto, va descubriendo las características de lo escrito, que incluyen unas construcciones sintácticas específicas.

Sin embargo, durante un tiempo, él escribirá nombres en listas. Por ejemplo, si les proponemos escribir un cuento conocido, algunos niños escribirán la lista de los personajes.

Cierto tipo de textos específicos facilitan el acceso del niño a la escritura sintáctica.

Un buen ejemplo, serían los títulos de cuentos. Su función básica es la de nombrar el cuento. Tienen por tanto las características de cualquier nombre: fijeza, identidad. Sin embargo, la estructura gramatical del título de un cuento, puede ir progresivamente del nombre a la frase completa:

- Nombre: PULGARCITO
- Nombre + y + nombre: HANSEL Y GRETEL
- Nombre + adjetivo: CAPERUCITA ROJA
- Artículo + nombre: LA CENICIENTA
- Artículo + nombre + complemento nominal: EL GATO CON BOTAS
- Nombre + y + artículo + nombre + adjetivo: ALADINO Y LA LÁMPARA MARAVILLOSA

Hasta llegar a títulos que son frases completas:

EL PAYASO QUE NO QUERÍA HACER REÍR

Esta última estructura es muy frecuente en los niños cuando deben inventarse títulos para cuentos.

Del mismo modo, existen otros textos que facilitan el paso progresivo del nombre a la escritura sintáctica: los titulares de noticias, anuncios (en los que puede haber descripciones del producto, eslóganes...), pies de foto, la carta a los Reyes Magos (que combina la lista de juguetes con fórmulas de saludo, presentación y despedida), recetas sencillas de cocina (lista de ingredientes + instrucciones breves), etc.

¡Pero no debemos reducir los textos que presentamos!

Una cosa es que el niño, espontáneamente, escriba sólo sustantivos, o títulos; otra cosa sería engañarle, presentándole únicamente textos nominativos. Los alumnos, de cualquier edad, deben ver, leer, escuchar, etc. textos escritos completos, sin reducir.

Y debemos proponerles la escritura de textos completos: un cuento, una carta, la descripción de algo observado, etc. Es posible que lo haga sólo con listas, o sólo con una frase, pero no debemos limitar de antemano sus posibilidades. Ni dejarnos engañar por su dominio de la escritura. Hay alumnos con muy escaso dominio del código que, sin embargo, producen textos bastante complejos.

Las etapas de construcción de la escritura

Al escribir los nombres propios, las listas de nombres comunes, títulos, anuncios, cartas, etc., los niños seguirán leyes y principios que no se corresponden a los del sistema alfabético que utilizamos. Usarán procedimientos característicos del pensamiento infantil, tal como vimos en el primer volumen.

Diferencia entre letras, dibujos y números

CONOCIMIENTO DE LAS LETRAS

CONOCIMIENTO DE OTRAS CONVENCIONES:

Linealidad

Orientación izquierda-derecha

Distribución del texto en el espacio

HIPÓTESIS PRE-SILÁBICAS

- Hipótesis de cantidad mínima de letras en cada palabra (dos o tres)
- Hipótesis de variedad en las letras de cada palabra
- Hipótesis de variedad entre palabras (cambios en el orden, cantidad y/o repertorio de letras)
- La cantidad (y/o el tamaño) de letras está en función del tamaño del objeto

HIPÓTESIS SILÁBICAS

- Se escribe una letra por cada sílaba:
  - signos
  - vocales
  - consonantes
  - vocales y/o consonantes

ESCRITURAS SILÁBICO-ALFABÉTICAS

- Cada sílaba puede tener más de una letra, pero no se ponen todas (iniciales, finales, letras más conocidas...)

ESCRITURAS ALFABÉTICAS

- Se escriben todas las letras, aunque pueden usar letras-comodín en algunos casos. Ortografía natural.

HIPÓTESIS ORTOGRÁFICAS

- Los textos no se fragmentan por palabras (pueden escribir por sílabas, o juntando toda la frase...). Puede ser que tengan ideas personales acerca de lo que es o no es una palabra: [lamanzana] puede ser una sola palabra; [sehaido], otra, etc.
- Pueden inventarse reglas ortográficas personales: [que] se escribe [ce]; usar las mayúsculas según criterios personales, etc.
- ¡Y muchas más, que os irán sorprendiendo...!

La construcción de la lectura

Al hilo del escribir, los niños descubren las propiedades del sistema alfabético que les abren el camino a comprender lo que otros han escrito, es decir, aprenden a leer.

La mayor diferencia entre escribir y leer consiste en que, al escribir, el niño realiza una producción a partir de sus propios conocimientos y teorías. Por eso, su pensamiento se va organizando internamente, en contacto con lo que se le enseña.

En cambio, al leer, debe ajustarse a la intención y al pensamiento de otro. No depende de sí mismo, sino de algo exterior, objetivo: «lo que dice ahí».

Sus teorías acerca de la escritura condicionan sus ideas al leer. Por ejemplo:

- Diferenciación texto - imagen
- Lo escrito son nombres
- Se requiere una cantidad mínima de letras para poder leer un nombre (hipótesis de cantidad mínima)
- El conjunto de letras debe ser variado para poder ser leído (hipótesis de variedad)

Pero estas ideas no bastan para leer o interpretar «lo que dice ahí». Necesita apoyarse en otros conocimientos o indicios para intentar captar lo que está escrito. La cantidad y calidad de conocimientos marcarán el límite de sus posibilidades:

Reconocimiento de palabras significativas

Antes, incluso, de conocer cualquier letra, todo el mundo puede reconocer algunas palabras o marcas conocidas: Coca-Cola, El Corte Inglés, Cola Cao, etc. La tipografía especial del logotipo permite el reconocimiento directo.

Enseguida podrá reconocer otras palabras: su propio nombre, otros nombres significativos, por memorización de su configuración gráfica. Niños muy pequeños pueden localizar y reconocer en el texto de un cuento el nombre del protagonista a partir de la lectura atenta del título, por ejemplo.

Interpretación a partir de la imagen exclusivamente

La presencia de ilustraciones o imágenes acompañando al texto permite avanzar hipótesis acerca de lo que dice el texto. Se puede argumentar que eso no es leer sino adivinar. Es cierto, pero esta formulación de hipótesis es necesaria y útil. Lo hacemos los adultos al leer el periódico, una revista, a partir de la portada de una novela, etc. Adivinamos lo que dirá... y luego lo comprobamos. En los adultos esta comprobación está automatizada y parece fundirse con la adivinación, pero son dos momentos necesarios.

Interpretación a partir de índices cuantitativos

Cuando el niño, ante un texto con imagen, presta atención a las características del texto, lo primero que le llama la atención son los aspectos cuantitativos: cuántos segmentos —palabras— aparecen; cómo son de largos unos en relación con otros. Parece lógico, puesto que al escribir, su primer interés se dirige, precisamente, hacia la cantidad de letras que se requieren para escribir un nombre y su relación con el objeto de referencia.

La mayoría de niños en estos períodos iniciales, además, sostienen la hipótesis de que únicamente se escriben sustantivos: es la hipótesis del nombre. Así, por ejemplo, tenderá a asignar un sustantivo a cada segmento o palabra que ve en el texto [si el texto que acompaña a una foto, dice «EL REY INAUGURA LA EXPO», el niño puede leer «Rey, Reina, Curro, Sevilla, Expo»].

Más adelante, el niño puede interpretar que cada segmento del texto escrito —cada palabra— corresponde a una sílaba del nombre que espera encontrar en el texto... O intentará ajustarlo, aunque sea a costa de forzar las cosas.

Interpretación a partir de índices cualitativos

A medida que se van aprendiendo más elementos del sistema alfabético, el niño puede ajustarse más al texto, utilizando los elementos cualitativos que conoce: algunas letras, sus ideas acerca de la relación entre cantidad de letras y significado, entre letra y fonética de la palabra, etc.

Así, podrá considerar, por ejemplo, que la palabra que busca empieza con la misma letra que... y eso le permitirá identificarla entre varias. O que Pulgarcito tiene más letras que ogro y, por tanto, debe ser la más larga. O que termina con la letra [o]... o que debe tener la [g] de gato...

Así empieza el descifrado.

Lectura ajustada al texto

En este proceso de construcción progresiva de la descodificación, o descifrado, el alumno va descubriendo el sistema de la lectura. La correspondencia entre las letras escritas y los sonidos que componen el lenguaje. El reconocimiento de palabras, la interpretación y confirmación de palabras, etc. le preparan. El siguiente paso será el descifrado de palabras desconocidas, con su correspondiente silabeo y vocalización. [m] [a] [r] [t] [i] [l] [l] [o] llegará a ser ¡MARTILLO! Hay que enseñárselo, pero no será necesario hacerlo de letra en letra: al comprender el sistema, no tendrá dificultad especial en el silabeo y la globalización de la lectura de palabras.

Pero el lector experto no es el que descifra todos y cada uno de los signos, sino el que elabora hipótesis más ajustadas sobre el texto, las confirma con la mayor rapidez y detecta rápidamente las dificultades: la palabra desconocida, la presencia de algún rasgo (letra u otros) que contradice lo que esperaba, etc. En este caso, y sólo en éste, procede a descifrar cuidadosamente para asegurar la comprensión.

Por tanto, el descifrado es un recurso necesario para una buena lectura. Pero no es suficiente, ni previo, ni el más importante. Lo fundamental es comprender el texto.

Enseñar a leer es mucho más que enseñar a descifrar. No debiera darse nunca en la escuela un descifrado sin comprensión. Sin embargo, es frecuente. ¿No tendrá que ver con la forma escolar de enseñar a leer?

Aprender: conflictos y cambios cognitivos

El cambio conceptual, de una etapa a otra, se produce en un proceso más o menos largo, pero personal en cada niño. Se da cuando se acumulan circunstancias: muchas evidencias de que aquello no funciona; contradicciones consigo mismo, con otras ideas consistentes... El niño debe poder admitir que tiene límites, para cuestionarse si lo que hace es correcto.

Por ejemplo, un niño, en la etapa silábica, escribirá [AEA] por [MALETA]. Cuando deba escribir [CASETA], no tendrá ningún problema en hacerlo igual [AEA]. Pero si debe escribir las dos palabras juntas en alguna ocasión, posiblemente se le plantee esta situación como un problema, porque no tiene lógica, para él, que palabras tan distintas en su significado, se escriban igual.

Lo mismo puede suceder al escribir nombres de sus compañeros, que no admitirán una escritura silábica y exigirán «todas» las letras. O al escribir monosílabos, que repugnarán al niño por no tener suficientes letras como para ser una palabra. O al comprobar cómo está escrita aquella palabra al leer el cuento o... En algún momento, al escribir, perderá seguridad, pensará que quizás puede escribirse de otro modo, descubrirá que hay otras posibilidades de escribir una sílaba. [MA] puede ser la [A] o puede ser la [M] de María, por ejemplo. Pero debe hacerse la pregunta. No es seguro que encuentre ya la solución definitiva, pero se halla más cerca. En este momento, podrá utilizar los recursos a su alcance para solucionar el problema: consultar el libro, discutirlo con un compañero o con el profesor, fijarse en cómo escriben sus compañeros, etc.

Es un proceso que no podemos forzar. De ningún modo se trata de preparar actividades especiales. Surgen de mil modos, al escribir cualquier cosa. Pero le ayudaremos en la medida en que creemos multitud de situaciones que le obliguen a pensar.

Lo mismo sucede con la ortografía. Al niño convencido de que [QUESO] se escribe [CESO], la información contraria, por sí sola, no provocará un cambio. Pero en algún momento, por acumulación, llegará a identificar que lo que parece tan evidente, quizás no lo sea y pueda haber otras posibilidades. Así, podrá resolver el problema, consultando y utilizando los recursos que tenemos en el aula para resolver este tipo de dudas. Para ello necesita aprender a distinguir qué sonidos son completamente seguros para él y cuáles son dudosos. Los niños con dificultades ortográficas son niños que no tienen seguridad en sus conocimientos ni conciencia precisa de sus dudas. Pero cada niño tiene claridades y dudas distintas en cada momento de su evolución.

A menudo, los profesores se impacientan. Un niño con escrituras silábicas puede llevar mucho tiempo estancado, aparentemente. Podemos ayudarle, discutir con él, mostrarle otros procedimientos, pero no podemos forzar la situación con una tanda de ejercicios específicos.

Y debemos recordar que, al plantear situaciones completas de escritura, un niño puede parecer estancado en la escritura silábica, pero construye mejor los textos propuestos, incorpora detalles, mejora su grafía y presentación, etc.

TIPOS DE ACTIVIDADES

Diferenciación entre letras, dibujos, números...

Al mostrar libros, folletos, revistas y toda clase de papeles, el profesor enseña a reconocer el texto escrito, sus diferencias con el dibujo.

Lo mismo al leer un cuento, señalando el texto, avanzando el dedo sobre él, etc. El profesor actúa de modelo y revela al alumno la relación entre lo que él vocaliza y los signos escritos.

Al proponer que dibujen algo y luego escriban su nombre, les está enseñando también esta diferencia.

Hay también múltiples situaciones para diferenciar entre letras y números: el calendario, la fecha, cuántos niños faltan hoy (número) y quiénes son (letras); la identificación de los autobuses; la diferencia entre el nombre de un producto y su precio...

Escritura y reconocimiento del propio nombre

Mil actividades sirven para reconocer y escribir el propio nombre. La tarjeta en mayúsculas adherida a la mesa de cada niño. La lista de la clase, la rotulación de carpetas y materiales de cada uno, la firma de cada trabajo del alumno.

Primero será una copia con dificultades gráficas. Poco a poco se irá memorizando y mejorando la caligrafía. Después se irá reconociendo cada una de las letras que lo componen... el nombre de los compañeros...

Escritura colectiva de palabras y textos

El trabajo en grupo ayuda a la discusión, a argumentar, a debatir criterios y a contrastarlos con otros. La escritura de palabras en parejas heterogéneas, o en grupos reducidos, da pie a grandes discusiones, en las que las neuronas se ponen al rojo vivo.

Se puede proponer que discutan cuántas letras se necesitan para escribir una palabra (una en cada trozo de papel, por ejemplo). La discusión entre los que pondrían muchas porque el objeto es muy grande, los que pondrán sólo tantas como sílabas o los que pondrían tantas como fonemas, es maravillosa.

Se puede discutir el resultado. Uno identifica unas letras; otro, letras distintas; otro no analiza ningún fonema, pero pondría muchas letras...

Al profesor le basta con proponer la discusión y moderar el debate, exigiendo que se argumente bien y se alcance una conclusión... aunque no sea la adulta.

Un niño dicta al otro. De paso, comprueba si lo que escribe se ajusta a lo que él cree. Corrige, añade, quita, sugiere, descubre...

Completar la escritura de palabras

Así se combina lectura y escritura. Claro que los niños deben estar en condiciones de resolver este tipo de situación: ya sea porque la palabra a escribir está muy memorizada, o porque ya pueden analizar fonéticamente la composición de las palabras.

Confeccionar palabras con letras móviles, imprentillas, máquinas de escribir, ordenadores...

Esta variación es muy útil. En primer lugar, porque diversifica la actividad e introduce elementos manipulativos y conocimientos acerca del manejo de aparatos importantes.

En segundo lugar, porque elimina el componente caligráfico. Eso da rapidez a la escritura y concentra la atención en el problema cognitivo de decidir cuáles son las letras necesarias.

Además, en esta actividad, el niño tiene ante la vista el conjunto de letras posibles. Eso ayuda a decidir. Habitualmente escriben mejor, palabras más completas, se distraen menos... Se facilita, asimismo, la producción compartida entre dos o más alumnos a la vez. Y, por otra parte, la actividad de recortar letras (de periódicos, revistas, folletos, etc.) y pegarlas facilita una gran cantidad de actividades variadas (escritura de nombres, de títulos, de carteles...)

Interpretación de la propia escritura

Al releer lo que acaba de escribir —algo que debiera exigirse siempre—, el niño se introduce al descifrado. Sabe lo que ha escrito (aunque a veces no lo recuerda al cabo de poco), pero, al leer, debe utilizar un mecanismo de confrontación entre lo que él «quería» escribir y lo que realmente aparece escrito.

Al principio, siempre leerá lo que quería escribir, es decir, interpretará lo escrito a partir de sus conocimientos. Pero pronto empezará a aplicar sus conocimientos acerca de las letras. La [a] se lee A... aunque él la haya escrito como transcripción de una sílaba, por ejemplo.

Así, en este ir-y-venir de la escritura a la lectura, ambas se aprenden, mejoran y se refuerzan.

Interpretación de textos con imagen

Es una tarea que requiere la presencia y ayuda del profesor para discutir las ideas del niño, sugerirle otras posibilidades, ayudarle a confirmar o desmentir.

Es una actividad ideal en la preparación y motivación a la lectura, y no sólo en períodos iniciales, sino a lo largo de la escolaridad. Antes de leer un texto cualquiera, si lleva ilustraciones, es necesario comentarlas, ver qué nos sugieren acerca del texto, imaginar el contenido, lo que sucederá, de qué trata.

A veces descubrimos que el ilustrador no ha leído el texto: bueno, hay que aprender a ser críticos. No es lo habitual: a menudo la imagen aporta mucha información, enriquece el texto, sugiere matices...

En algunos textos, además, la imagen es fundamental para la lectura o la comprensión del contenido: en los anuncios, en el cómic, en la TV y cine...

Leer imágenes también es leer.

Lectura de textos memorizados

Leer una canción conocida, un título, un poema, una adivinanza u otros textos memorizados, ayuda específicamente a analizar y descubrir relaciones entre lo oral y lo escrito. Permite descubrir las leyes de segmentación: cada segmento una palabra. Permite descubrir la relación fonema/grafía. Permite descubrir nuevas letras desconocidas. Permite descubrir que una palabra contiene más letras de las que se imaginan en una hipótesis silábica...

No hay que olvidar, además, que la memorización de textos (refranes, adivinanzas, pareados, poemas, canciones...) permite al niño apropiarse de modelos de escritura literaria auténtica.

Interpretación de textos a partir de: localizar, completar, elegir... palabras

La lectura compartida, en grupo, adquiere características de auténtico taller de descubrimientos, a medida que nuestros alumnos progresan en el conocimiento de las letras y del sistema alfabético, aun sin dominar del todo el descifrado.

Podemos proponer tareas de *localización*: ¿dónde dice...?

Tareas de *completar la lectura*: el profesor lee, se detiene ante una palabra asequible y pregunta qué es lo que debe decir, pide a los alumnos que continúen su lectura. De esta forma, están activos ante la lectura del profesor, descifran sin perder el sentido de lo que se lee... aprenden el código.

Tareas de *elección*: relacionar varios títulos con los personajes del cuento, utilizando distintos criterios. Puede haber más títulos que personajes y viceversa. Elegir el nombre del animal adecuado entre varios nombres de animales... El nombre de un compañero entre varios nombres de alumnos...

Resolución de problemas: descubrir el significado de un texto sencillo cuando no se domina completamente el descifrado, se asemeja a la resolución de un jeroglífico o de un problema lógico. Se trata de combinar conocimientos parciales de forma adecuada.

Así, desde el inicio del segundo ciclo de Educación Infantil, los niños pueden aprender a reconocer y leer el nombre propio y el de sus compañeros. Eso puede dar lugar a muchos juegos: en la pizarra, la maestra puede escribir una letra (que sea inicial del nombre de varios niños) y pensar de quién puede ser, luego se van añadiendo letras y descartando sucesivamente nombres.

Lo mismo se puede hacer con otros nombres, personajes de cuentos, títulos de los cuentos. Se pueden poner varias palabras (algunas muy distintas, otras más semejantes) y encontrar una palabra dada. Se puede identificar el título de un cuento conocido entre varios títulos. Se pueden identificar nombres conocidos en los titulares del periódico. Se puede adivinar lo que dice un envoltorio, un anuncio...

Esta tarea de interpretación, localización e identificación, permite al niño aprender a ajustar sus hipótesis a lo escrito, utilizar índices no ya propios de la imagen, si no cualitativos del texto: tamaño de la palabra, segmentación, letras iniciales, presencia de vocales y otras letras conocidas, letras finales, etc. Es decir, constituye el modo específico de aprender la descodificación en tareas significativas y con sentido.

La realización de esta actividad en grupo reducido, en parejas, etc. constituye una ocasión para el debate, la argumentación, compartir el valor de los indicadores elegidos, mejorar la comprensión del texto, etc.

Además, las actividades de búsqueda, selección y localización de términos, son procedimientos específicos de los textos enumerativos, cuya importancia en el posterior aprendizaje escolar es enorme. Encontrar una palabra determinada en una frase equivale a procedimientos semejantes a los de utilización del diccionario, manejo de datos, etc.

ASPECTOS PARA OBSERVAR EN CADA TIPO DE ACTIVIDAD

▶ *Diferenciación entre letras, dibujos y números...*

Identifica y discrimina letras/dibujos/números.

Conocimiento de las letras convencionales.

▶ *Escritura y reconocimiento del propio nombre*

Realización del propio nombre: copia y memoria.

Identificación y reconocimiento del nombre.

▶ *Escritura colectiva de palabras y textos*

Uso de letras convencionales.

Niveles de construcción del sistema alfabético.

Consideración de las aportaciones de los compañeros.

▶ *Completar la escritura de palabras*

Estrategias de anticipación e interpretación.

Análisis de lo que está escrito, de lo que falta y de dónde falta.

Niveles de construcción del sistema alfabético.

Corrección a partir de las intervenciones del profesor o de los compañeros.

▶ *Confeccionar palabras con letras móviles, imprentillas, máquinas de escribir, ordenadores...*

Elaboración oral previa del texto a escribir.

Niveles de construcción del sistema alfabético.

Corrección a partir de las intervenciones del profesor o de los compañeros.

▶ *Interpretación de la propia escritura*

Procedimientos de ajuste entre lo escrito y lo que quería escribir: uso de índices cuantitativos y cualitativos (letras).

▶ *Interpretación de textos con imagen*

Anticipación del contenido del texto, uso de indicadores (cuáles y cómo) del contexto.

Confirmación del significado anticipado, en el propio texto.

Atención a las propiedades (cuantitativas y cualitativas) del texto.

Lectura de textos memorizados

Capacidad de retención del texto.

Reproducción ordenada y fiel del texto.

Relacionar lo memorizado con lo escrito.

Interpretación de textos a partir de: localizar, completar, elegir... palabras

Niveles de interpretación lectora.

Conocimientos previos sobre el texto.

Atención a las propiedades cualitativas del texto.

Justificación de la elección de soluciones.

MUESTRA DE ACTIVIDADES

Escritura del propio nombre: evolución en Pau, de 4 años.

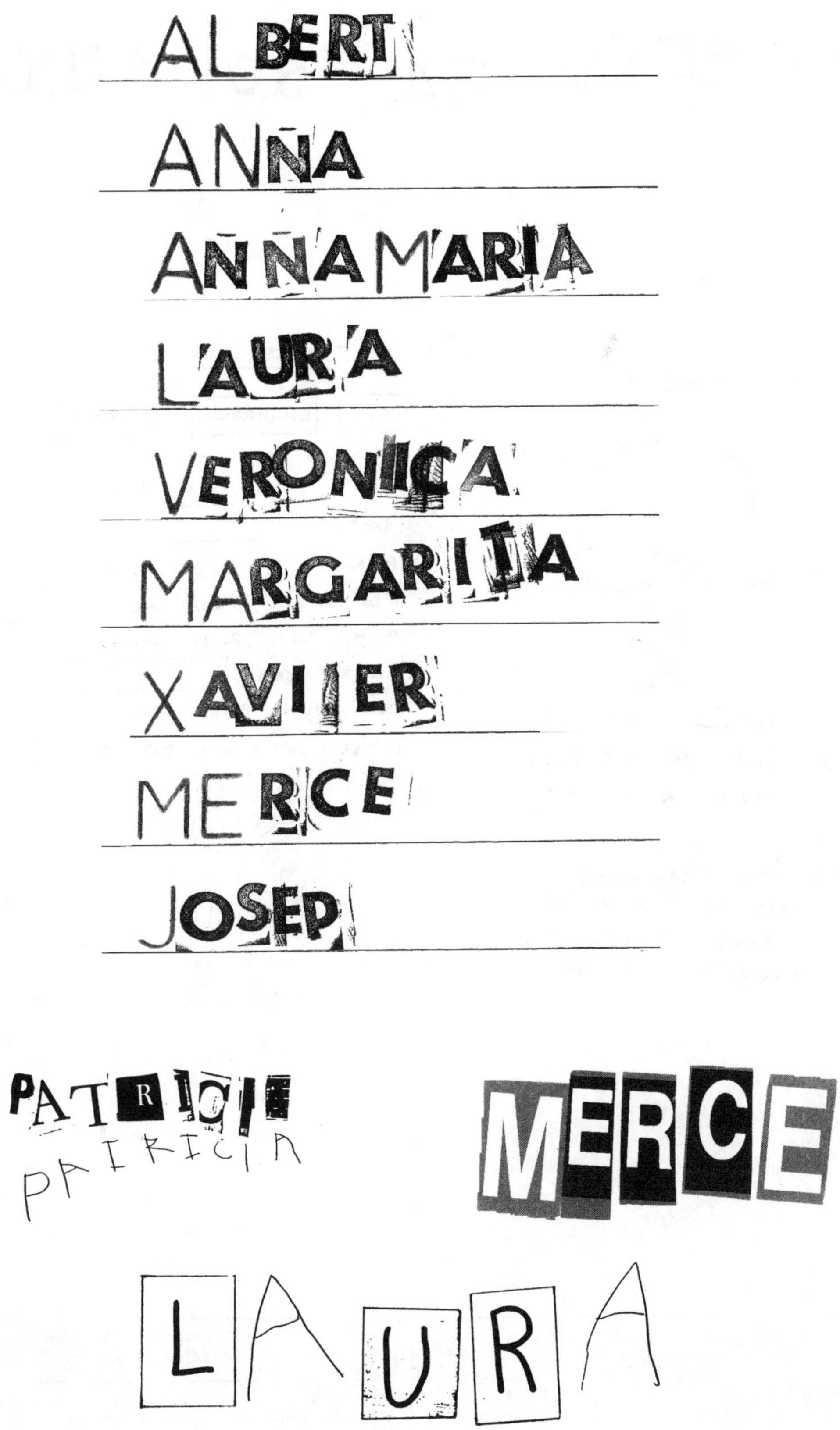

Escribir o completar el propio nombre o el de los compañeros, mediante letras móviles o de imprentilla (3 y 4 años)

Escribir con imprentilla el titular de una noticia Popeye cumple 60 años (Elvira, 5 años)

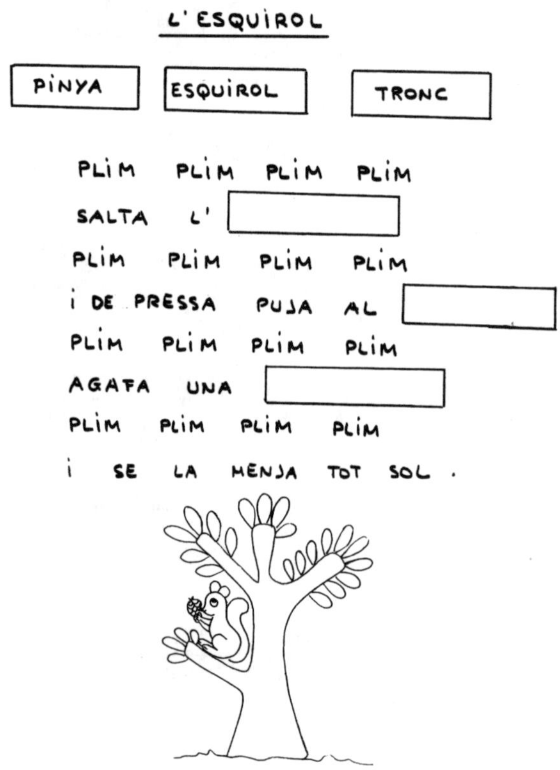

LOCALIZAR UNA PALABRA EN EL TEXTO DE UNA CANCIÓN MEMORIZADA (4 años)	COMPLETAR EL TEXTO DE UNA CANCIÓN MEMORIZADA, A PARTIR DE LAS PALABRAS QUE FALTAN
TRADUCCIÓN: Pájaro carpintero / En el patio de la escuela / había un pajarito / que se llama pájaro carpintero / y hace su nido.	**TRADUCCIÓN:** La ardilla / salta la ARDILLA/ y sube deprisa al TRONCO / coge una PIÑA / y se la come ella sola.

Capítulo 15

La escritura como producción de textos

CONTENIDOS CURRICULARES

Conceptos

ESC: LA ESCRITURA COMO PRODUCCIÓN DE TEXTOS

1. Conocimientos necesarios para escribir acerca de:
   1. Contenido que se quiere comunicar.
   2. Intencionalidad de la escritura.
   3. Características del destinatario y de la situación comunicativa.
   4. Tipos de texto susceptibles de ser utilizados.
   5. Jerarquía de las ideas a transmitir y su ordenación.
   6. Estilo que se pretende y recursos adecuados.
   7. Formato, edición, encuadernación y archivo del texto.

Procedimientos

ESC: PROCEDIMIENTOS GENERALES DE ESCRITURA

1. Decidir el tema y la situación de escritura.
2. Explicitar la finalidad e intención de la escritura.

3. Decidir el destinatario.
4. Considerar las características del texto.
5. Elaboración del pre-texto: contenido.
6. Escritura interactiva. Re-elaboración del pre-texto. Identificación y resolución de problemas de codificación.
7. Repasar: Releer, evaluar y corregir lo escrito, según criterios decididos previamente.
8. Pasar en limpio: Edición y reproducción del texto.

Actitudes

ESC: ACTITUDES EN RELACIÓN CON LA ESCRITURA

1. Valoración de la escritura como medio de comunicación, estudio, placer y diversión.
2. Curiosidad activa frente a la escritura de palabras y textos nuevos.
3. Actitud activa, reflexiva, autónoma y creativa en la preparación del texto que se va a escribir.
4. Interacción y capacidad de cooperación y respeto por la diversidad en la elaboración colectiva de textos.
5. Actividad y vigilancia autoevaluadora durante el proceso de escritura. Identificación de dudas y afán por solucionarlas.
6. Actitud de búsqueda de cauces comunicativos, creativos y personales en la escritura de textos.
7. Autoexigencia en la realización de las propias producciones y valoración de la claridad, el orden y la limpieza en los textos para lograr una mejor comunicación.
8. Hábitos de repasar con atención la corrección de lo escrito.

DESARROLLO DE LOS CONTENIDOS

Complejidad de la escritura

Para escribir no basta —ni es estrictamente necesario— el dominio del sistema alfabético. Escribir es *producir textos*. La escritura se vincula a los significados que se pretenden transmitir con el lenguaje escrito.

Escribir es *una tarea cognitiva muy compleja*. Se dice de ella que está próxima a la sobrecarga cognitiva (Camps, 1990); es decir, hay que considerar tantos aspectos simultáneamente que la memoria de trabajo inmediata puede bloquearse fácilmente: no nos sale nada. Seguro que a todos nos ha pasado. ¿Por qué?

Escribir supone una multitud de decisiones y de procesos casi simultáneos. En algunos casos, la tarea puede ser simple, porque hemos acotado de forma muy precisa las características de lo que vamos a escribir: por ejemplo, poner el nombre propio en un lugar determinado del papel en el que se ha realizado una actividad escolar, dibujo, etc. o dejar una nota en casa para que el primero que llegue vaya a comprar pan. En tales casos, no sólo el contenido está claro sino también la forma, las características y la intención, de la escritura. También vienen dados aspectos como la forma de presentación, la ortografía, la caligrafía, el soporte material de la escritura, etc.

Pero, vamos a analizar cuáles son las decisiones que debemos tomar al escribir un texto cualquiera.

El proceso de la escritura de textos

▶ *PREPARARSE PARA ESCRIBIR*

Tomar decisiones acerca de:

1. QUÉ:	Tema y situación de escritura
2. PARA QUÉ:	Finalidad, intención de la escritura
3. PARA QUIÉN:	Destinatario
4. CÓMO:	Soporte material, instrumentos, tipo texto

▶ *ESCRIBIR*

5. ELABORACIÓN DEL PRE-TEXTO: Contenido, guión...
6. EL ACTO DE ESCRIBIR: Revisión del pre-texto, dudas, etc.

▶ *REPASAR*

7. RELEER, EVALUAR Y CORREGIR LO ESCRITO

▶ *PASAR EN LIMPIO: EDITAR*

8. EDICIÓN Y REPRODUCCIÓN

Los escritores adultos no agotamos siempre todas las posibilidades del proceso de escritura. No siempre corregimos, no siempre pasamos en limpio... Otros aspectos del proceso pueden ser automáticos para un escritor experto: si decidimos escribir una carta, su formato nos viene ya marcado por nuestros conocimientos, sin necesidad de activarlos de modo consciente. Lo mismo nos sucede con la caligrafía o la ortografía, la mayor parte de veces.

En cambio, con los niños, los aspectos evidentes o automatizados son escasos y *debe aportarlos el profesor*. Por ello resulta útil considerar paso a paso el proceso.

1º. Decidir el tema y la situación de escritura

En el aula, el profesor diseña el tema y la situación de escritura en cada situación de aprendizaje. El tema acerca del que se va a escribir vendrá determinado por la actividad escolar en que se inserta la situación de escritura. Puede ser la elaboración de un cuento, periódico, cartel, etc. Puede formar parte de un proyecto que organiza la actividad escolar y que da sentido a la actividad de escritura.

Antes de proponer una actividad de escritura, además, el profesor se asegurará de haber propuesto a sus alumnos *modelos adecuados* que les orienten. Habrá explicado, leído, mostrado y comentado textos semejantes al que les propone escribir.

2º. Establecer claramente la finalidad de la escritura

Si la escritura es un instrumento, hay que preguntarse: ¿Para qué se escribe?

1. Para recordar y transmitir datos: listas de la compra, agenda, tareas pendientes, cuaderno de notas, listas de material que hay que traer a la escuela, diario personal o escolar, carteles, catálogos, archivos... (TEXTOS ENUMERATIVOS)
2. Para comunicar información general: cartas, telegramas, notas y avisos, noticias, reportajes... (TEXTOS INFORMATIVOS)
3. Para estudiar y compartir conocimientos: exámenes, apuntes, ejercicios, informes, artículos... (TEXTOS EXPOSITIVOS)
4. Por placer y sensibilidad estética (TEXTOS LITERARIOS)
5. Para dar instrucciones (TEXTOS PRESCRIPTIVOS)

Cada uno de estos tipos de texto requiere procedimientos y técnicas específicas de escritura, que la escuela debe enseñar. Lo veremos en detalle, al hablar de los textos. El mejor modo es incorporar todas las posibilidades al trabajo diario escolar desde muy temprano.

Por supuesto que se puede escribir «para aprender a escribir», pero ¿sólo para eso? Aprenderemos a escribir igualmente, si escribimos con otras finalidades, en la escuela.

3º. Decidir el destinatario del texto

Pero, además, en la escritura debe considerarse al destinatario: ¿Para quién se escribe? En la escuela este aspecto aparece condicionado por la presencia constante del profesor, lo que introduce un elemento distorsionador de lo más característico de la escritura: la ausencia del interlocutor, que obliga a explicitar, en lo escrito, todos los elementos contextuales imprescindibles para una buena comprensión.

Por eso es frecuente que en la escuela, incluso en niveles altos de escolarización, lo escrito sea una mera transcripción de lo oral. La presencia física del interlocutor lleva a ello:

A la propuesta del profesor: «Escribid lo que sucedió ayer en la excursión que hicimos», los alumnos pueden empezar así:

«Que había leones y...» Ya que no siente en absoluto la necesidad de situar al lector en la situación tal como se haría si se dirigieran a alguien del exterior que ignora lo que se hizo:

«El día ... fuimos, todos los de mi clase, de excursión al zoológico de ...»

Del mismo modo, el hecho de escribir para sí mismos o para el profesor exclusivamente, tiene otra consecuencia: casi todo lo que se escribe se hace en calidad de borrador, de notas personales, dado que nada objetivo justifica el esfuerzo de corrección y repaso de lo escrito.

Diversificar los destinatarios de la escritura infantil supone un esfuerzo de imaginación constante en la escuela. Veamos algunos ejemplos:

- Que los propios alumnos escriban las notas dirigidas a los padres.
- Correspondencia e intercambio entre escuelas.
- Enviar notas hechas por los propios alumnos al director, al conserje, a otro maestro...
- Enviar mensajes a los alumnos de otras clases: por ejemplo inventar cuentos, representaciones teatrales, chistes... para explicar a los más pequeños, o a los mayores.
- Escribir un diario para distribuir en la escuela.
- Escribir cartas reales solicitando material, información, entrevistas...
- Escribir «artículos de opinión» a los periódicos, a las autoridades...

4º. Cómo escribir: Características del texto

Tendemos, en la escuela, a escribirlo todo de la misma forma: en el mismo tipo de papel (libreta o folio y, ocasionalmente, cartulina) y en el mismo formato: libre o con pauta constante; de lado a lado de la hoja, con o sin márgenes. Únicamente los títulos son objeto, habitualmente, de un formato especial: mayúsculas, decorados, etc. También el tipo de lenguaje escrito tiende a permanecer constante, sea lo que sea lo que se está escribiendo.

Sin embargo, en la realidad, cada tipo de texto tiene unas características propias que hay que aprender a conocer y aplicar: no escribimos cartas en hojas pequeñas, en libretas ni en cartulinas (si no son felicitaciones o postales); no se escribe una noticia con el mismo formato que una carta; un cuento no se escribe como una receta de cocina.

Por eso recomendamos el uso de textos con valor social, respetando sus características:

- FUNCIÓN (designar, informar, persuadir, expresar, comunicar, estudiar, divertir...)
- MODELOS sociales realmente existentes
- CONTENIDO
- FORMATO:

  CARACTERÍSTICAS GRÁFICA (presencia o no de portada o ilustraciones; tipografía, compaginación...)

  SOPORTE MATERIAL (tamaño, forma y calidad del papel; tipo de encuadernación, etc.)
- GRAMÁTICA (aspectos léxicos, morfológicos y sintácticos)

Más adelante (capítulo 17 «Textos» y tercer volumen), se verán los procedimientos específicos de cada tipo de texto.

No es lo mismo comentar un acontecimiento (una excursión de clase, por ejemplo) como una narración entretenida, como una noticia periodística (para el periódico escolar) o como un texto expositivo centrado en el contenido escolar de la excursión. En cada caso, al escribir, los alumnos deberán tener claro cómo es el tipo de texto que van a producir.

Otras decisiones acerca del cómo escribir se refieren a la agrupación de alumnos (solos, en pareja, en grupos pequeños...), a los instrumentos de escritura (lápiz, rotulador, máquina, letras móviles, etc.), a la tipografía, etc.

5º. Elaboración del pre-texto: decidir el contenido de lo que se va a escribir

Cuando sabemos para qué y para quién vamos a escribir y las características del tipo de texto de que se trata, es el momento de pensar lo que vamos a escribir.

Si tenemos pocas ideas acerca del contenido, lo escrito será sin duda pobre. Quizás os llame la atención que *no proponemos la escritura de textos libres*. ¿Por qué?

Se trata de una decisión que se puede discutir, ¡no faltaría más!, pero que tiene su explicación:

Escribir es una tarea sumamente compleja. Basta ver lo reacios que somos los adultos a escribir, ¿no es cierto? Más adelante nos extenderemos sobre este tema.

Damos especial importancia a tener claro el contenido de lo que se va a escribir. Inventarse un cuento es una tarea muchísimo más difícil que re-escribir un cuento conocido. Por eso, los resultados son muy distintos en uno y otro caso.

En un texto libre, en el que no se dispone de referencias precisas sobre el contenido que se debe escribir, en que sólo se propone el tema —como máximo— y tiene un máximo grado de apertura de posibilidades, los niños acostumbran a ofrecer unas producciones pobres: más cortas, menos elaboradas, más inconexas, con menos recursos expresivos, etc. que si les proponemos un texto cuyo contenido les resulte muy claro.

Por eso omitimos la actividad de texto libre, por lo menos en las edades que estamos considerando.

La escritura infantil, en cambio, como la de los adultos, es tanto más rica cuanto mayor sea la claridad y cantidad de ideas para desarrollar. Si después de conocer perfectamente el cuento que se ha venido trabajando en clase, les pedimos que lo escriban a su modo, podemos encontrar textos larguísimos y muy complejos: saben muchas cosas que hay que escribir.

Antes de escribir, por tanto, es preciso disponer de mucha información y, además, activarla: ponerla en acción, tenerla disponible en el momento de escribir. Las lecturas previas, las explicaciones, el trabajo realizado en la clase, etc. deben ser resumidos y actualizados antes de escribir. Facilitar la accesibilidad de las ideas a la memoria de trabajo: recordar la secuencia del cuento o de la receta de cocina, el proceso de fabricación que queremos describir, lo observado acerca de un animal o una planta, etc.

Se trata de una parte fundamental de la escritura: *la elaboración colectiva de los contenidos del texto*, que constituye el mejor aprendizaje para algo imprescindible: pensar antes de escribir.

Y eso ya es escribir, es la tarea del escritor: construir mentalmente el texto, un borrador, un guión, un resumen, un punto de partida. Elaborar el pre-texto es imprescindible en cualquier escritura, aunque se haga de forma somera en un adulto experto.

En la escuela, con niños aún poco diestros, la elaboración del pre-texto es una etapa fundamental e imprescindible. Exige un tiempo de preparación colectiva de la actividad de escritura para asegurarnos de que el contenido queda claro.

Incluiremos no sólo ideas acerca del contenido; también será importante activar los otros conocimientos de preparación: características del texto, del destinatario, finalidad que se pretende, etc.

A menudo es necesaria alguna forma de registro escrito de las ideas para tenerlas disponibles al escribir: el equivalente del cuaderno de notas de cualquier escritor. En los primeros niveles de escolarización, el registro lo hace el profesor en la pizarra e incluye la práctica totalidad del texto, para facilitar su posterior escritura a los niños. Más adelante irán siendo ellos quienes organicen sus notas.

El objetivo de la elaboración del pre-texto es el de ayudar a los niños a apropiarse, o asimilar, las características del modelo que se trata de reconstruir: el título, cómo empezamos, qué va antes o después, cómo podemos decir esta expresión, de qué forma quedaría mejor, qué es lo más importante, lo que no podemos olvidar... y también, cómo se escribe...

Se trata de organizar el pensamiento del niño antes de escribir. Por tanto, el texto escrito en la pizarra no constituye un modelo a copiar y debe borrarse antes que los niños empiecen a escribir. No se trata de hacerlo «igual» sino de aclarar cómo se hace.

Luego, cada uno, al escribir, introduce modificaciones: algunos niños olvidan elementos importantes, alteran el orden lógico, etc. pero otros añaden, enriquecen, matizan... a partir del pre-texto.

Esta actividad es, además, una auténtica corrección previa de lo que los niños van a escribir. Permite discutir y mostrar aspectos de detalle (por ejemplo, ortográficos) que luego facilitarán una escritura más correcta.

Veamos, a continuación, unas muestras de niños que han reconstruido el mismo cuento. En una clase, los niños escribieron el cuento, directamente, a partir del recuerdo, sin elaboración previa del pre-texto. En la clase paralela —la misma escuela, el mismo día— los niños escribieron el cuento, *después* de haber preparado colectivamente el pre-texto del cuento. Se trata, como podéis comprender, de dos muestras escogidas, pero hemos procurado que fueran niños de nivel medio en cada clase, comparables.

Anna Nonell 14-5-93

La gallina dels ous d'òr

Hi havia una gallina
que feia els ous d'òr un pages
Cada dia, quan feia els ous d'òr
la gallina, el pages arrenca a corra
i anava a buscar els ous d'òr
un dia el pages va matar la gallina
i no va trovar els ous d'or i va mirar
a dintre la panxa i era la gallina normal.

Carles S.

La gallina dels ous d'or

Un pages tenia una gallina
que feia ous d'or. Cada dia
el pages quan cantava el gall
sen anava a buscar els ous d'or.
Els ous d'or els guardava a una
caixa que tenia a les golfes,
fins que un dia el pages va
pensar si mato la gallina sortiran
molts ous d'or dit i fet o sigui
que el pages va matar la gallina
i no va sortir ni cinc
i el pages no va tindre
mai mes una gallina d'ous d'or.

RE-ESCRITURA DE CUENTOS CONOCIDOS SIN PRE-TEXTO

TRADUCCIÓN: LA GALLINA DE LOS HUEVOS DE ORO. Había una gallina que ponía los huevos de oro. Un payés, cada día, cuando ponía los huevos de oro la gallina, el payés se echaba a correr e iba a buscar los huevos de oro. Un día, el payés mató a la gallina y no encontró los huevos de oro y miró dentro de la barriga y era la gallina normal. (Anna, 7 años).

TRADUCCIÓN: LA GALLINA DE LOS HUEVOS DE ORO. Un payés tenía una gallina que ponía huevos de oro. Cada día, el payés, cuando cantaba el gallo, se iba a buscar los huevos de oro. Los huevos de oro los guardaba en una caja que tenía en la buhardilla, hasta que un día el payés pensó: «si mato la gallina, saldrán muchos huevos de oro». Dicho y hecho, o sea que el payés mató a la gallina y no salió ni cinco y el payés no tuvo nunca más una gallina de huevos de oro. (Carles, 7 años).

COMENTARIO: Obsérvese cómo la traducción directa de lo oral a lo escrito, sin elaboración intermedia, lleva a omitir fórmulas literarias típicas, abundar en las repeticiones, muletillas orales típicas («o sea...»), etc. Por otra parte, el texto final resulta relativamente breve, al omitir detalles, expresiones, etc. que enriquecen la escritura del cuento.

Marc 14-5-93

La gallina dels ous d'or

Hi havia una vegada un peges que tenia una gallina que punia ous d'or. De fora era com les altres amb plomes blancas, amb cresta roja ningu agés dit que aquella gallina era eltraordinària. Cada dia el cant del gall el peges es llababa i corria cap al galline a busca el seu ou d'or un Bon dia ba pensar si mato la gallina tindre mols ous d'or de cop. Va agafar el ganibet i ba matar la gallina i ba beure que era com totes les altres.

I ma mes no en va trovar cap en tot el mon.

Marta Arellaneda Divendres, 14 de maig de 1993

LA GALLINA DELS OUS D'OR

Hi havia una vegada un pagès que tenia una gallina que feia ous d'or. De fora era com totes les altres amb plomes blanques i cresta rojo, ningu ho hagues dit era una gallina estreardinària. Cada matí el pagès es despertava amb el cant del gall. Sesecava i corria cap al galliner a buscar al seu ou d'or. L'agafava i reia d'elegria i el guardava a una caseta que tenia a les golfes de la casa. Pero un dia el pagès va pensar que si matava la gallina tindria molt d'or de cap i seria ric. Va agafar un ganivet i la va matar i... quina sorpresa en veure que per dintre era com totes les altres i d'or no en va trobar ni cinc. En tot el mon no va trobar cap gallina igual.

RE-ESCRITURA DE UN CUENTO CONOCIDO A PARTIR DEL PRE-TEXTO

TRADUCCIÓN: LA GALLINA DE LOS HUEVOS DE ORO. Había una vez un payés que tenía una gallina que ponía huevos de oro. Por fuera era como las otras, con plumas blancas, con cresta roja, nadie hubiera dicho que aquella gallina era extraordinaria. Cada día, al cantar el gallo, el payés se levantaba y corría hacia el gallinero en busca de su huevo de oro. Un buen día, pensó: «Si mato la gallina, tendré muchos huevos de oro, de golpe.» Cogió el cuchillo y mató a la gallina y vio que era como todas las otras.
Y nunca más encontró ninguna en todo el mundo. (Marc, 7 años).

TRADUCCIÓN: LA GALLINA DE LOS HUEVOS DE ORO. Había una vez un payés que tenía una gallina que ponía huevos de oro. Por fuera era como todas las demás, con plumas blancas y cresta roja, nadie hubiera dicho que era una gallina extraordinaria. Cada mañana, el payés se despertaba con el canto del gallo. Se levantaba y corría hacia el gallinero a buscar su huevo de oro. Lo cogía y reía de alegría y lo guardaba en una cajita que tenía en la buhardilla de la casa. Pero un día, el payés pensó que si mataba la gallina tendría mucho oro de golpe y sería rico. Cogió un cuchillo y la mató y... qué sorpresa al ver que por dentro era como todas las otras y de oro no encontró ni cinco. En todo el mundo no encontró ninguna gallina igual. (Marta, 7 años).

COMENTARIO: Obsérvese cómo el texto final resulta más largo, con mayor precisión de detalles (descripción de la gallina, la hora en que se levanta el payés...). Se incluyen fórmulas tradicionales de principio y final del cuento. En cambio, aparecen muy pocas repeticiones, dado que el texto está mejor estructurado en el pensamiento del niño, al ponerse a escribir.

6º. El acto de escribir

Con esta preparación puede pasarse a escribir en el sentido no ya de producir un texto, sino de codificarlo sobre el papel. En este momento, se producen dos tipos de procesos para considerar:

a) La concreción individual del pre-texto, la reformulación del contenido a medida que se va escribiendo.

b) El proceso de codificación.

Con relación al contenido, el pre-texto sirve al escritor de estructura y marco general. Sin embargo, no cierra las posibilidades. Al escribir, modificamos nuestro pensamiento, precisamos ideas, nos extendemos en detalles o sintetizamos. Podemos, incluso, decidir cambios en el orden de presentación del contenido; matices, nuevas soluciones, etc. Cualquier escritor procede así: haciendo y rehaciendo mientras escribe.

Este «pensar mientras se escribe» acerca del contenido, sólo puede enseñarlo el profesor mediante su ejemplo al verbalizar lo que hace él cuando escribe. Requiere pararse de vez en cuando, releer lo escrito, pensar si olvidamos algo o nos hemos equivocado...

Por otra parte, en escritores poco expertos, como nuestros alumnos pequeños, los problemas de codificación ocupan mucha energía mental. Al niño se le plantean varios problemas: la elección de cada letra, acertar la correspondiente pronunciación y grafía, la formación de cada palabra y la separación entre las mismas... Por ello, nuevamente, es importante que tengan lo más claro posible qué es lo que deben escribir, para que, al hacerlo, se concentren en el cómo realizarlo, identifiquen las dudas que tengan y busquen las ayudas y recursos necesarios.

La clave de la enseñanza del lenguaje escrito, la regla de oro, es la de prestar ojos y oídos a lo que sucede en el momento en que el niño está escribiendo (o leyendo).

Si nos limitamos a ver el resultado final, lo que queda escrito, nos perdemos la información más preciosa: lo que es capaz de aprender con un poco de ayuda a partir de lo que sabe hacer. Y, además, en niños pequeños, es frecuente que ni el mismo niño sea capaz de interpretar (o recordar en su caso) lo que está escrito, con lo que nos quedaremos sin saber qué pasó.

¿Qué dificultades tiene?, ¿dónde se atasca?, ¿qué problemas se plantea o qué dudas expresa?, ¿cómo las resuelve?, ¿qué ayuda necesita que no le restrinja habilidades que posee ni le enfrente a que él «no sabe» escribir?

Sólo podemos saberlo si estamos a su lado mientras trabaja y tenemos instrumentos para observar y comprender lo que le está sucediendo. Eso requiere formas precisas de organizar el trabajo en el aula: trabajo en grupo, por rincones, talleres; trabajo autónomo de los niños para poder estar con algunos de ellos mientras los demás escriben o hacen otra actividad, etc.

7º. Repasar: releer, evaluar y corregir lo escrito

Todos los profesores coinciden en la importancia de releer, repasar lo escrito antes de entregarlo, etc.... y todos los profesores, asimismo, añaden que es muy difícil que los niños adquieran y automaticen ese hábito corrector.

Apuntemos algunas razones que explican esta dificultad de los niños:

1. El esfuerzo de escribir, en sí mismo muy grande, les cansa y experimentan un gran alivio al terminar.
2. Lo importante es el contenido y lo formal es accesorio: «mientras se entienda...»
3. Si el maestro «ya sabe» lo que quiero decir, ¿para qué?
4. Repasar significa:

    - leer lo escrito (a menudo es difícil)
    - identificar dudas posibles (puede que no tenga ninguna)
    - encontrar soluciones satisfactorias (puede que no sepa cómo hacerlo)
    - tener claro lo que se pide que corrija (¿el contenido, el estilo, la ortografía, la caligrafía, la presentación, el formato...?)

En nuestra concepción, corregir no se plantea como una evaluación final, una sanción acerca del grado de validez del trabajo realizado. Es una actividad, interactiva, que forma parte del mismo proceso de construcción de conocimientos y de la propia actividad de aprendizaje. Una corrección que se inicia ya *antes* de escribir (al elaborar el pre-texto), sigue *durante* el acto de escritura (siguiendo de cerca el proceso) y se completa *después* al repasar. Y que, además, es compartida por el profesor y el alumno; por el grupo de alumnos que escriben conjuntamente, que discuten y mejoran lo escrito, etc.

Algunos consejos para tener en cuenta en el trabajo de corrección de la escritura:

1. Es más importante *preparar* bien la escritura que corregir al final: asegurarse que tienen las ideas claras, los recursos, el plan de escritura, etc. La calidad de la escritura es función directa de la calidad de la preparación de la misma.

2. Es fundamental poder *corregir en el acto,* en el mismo proceso de escritura: lo cual se puede hacer con un grupo reducido de alumnos simultáneamente. Es decir, no podemos exigirnos el corregir todo de todos, siempre.

3. Hay que *enseñar a corregir:* no es un aprendizaje automático; para ello es recomendable, además de intervenir en el proceso, hacer actividades colectivas, frecuentes, de corrección en la pizarra, con participación de todos.

4. Una forma de mejorar la calidad de la escritura es la de escribir en parejas o tríos: los demás deben estar pendientes de cómo escribe el «secretario» y le van corrigiendo sobre la marcha.

5. La corrección debe partir de unos *objetivos claros* en el momento de ponerse a escribir. Eso es fundamental. No es lo mismo que el alumno se proponga escribir una lista del material que debe traer por la tarde, o que intente hacer un cartel —que deba exponerse— para anunciar una actividad escolar. Hay que distinguir: lo que se escribe para sí o para otro; lo que se escribe como borrador y apuntes o lo que se pone en limpio; si se trata de poner atención en la secuencia de ideas o en la ortografía. De lo contrario, puede ser que sólo corrijamos la ortografía o evaluemos sólo la pésima caligrafía de un alumno... sea lo que sea lo que escriba, lo cual no siempre enseña a escribir.

6. Al corregir, hagamos pensar al alumno. No le ayuda darle la solución, sino hacer que llegue a *identificar el problema.* En lugar de señalar la letra equivocada, mejor indicarle la palabra y que piense dónde puede estar el error. Al corregir la construcción, mejor indicarle el aspecto que se puede mejorar sin decirle cómo hacerlo, etc.

7. Para que el alumno pueda solucionar el problema, debe disponer de *recursos para consultar dudas:* carteles en los que pueda comprobar la grafía y las dificultades ortográficas más importantes, diccionarios de aula, libros sobre el tema, otros materiales de consulta, etc. Tales recursos deben ser de fácil acceso y debe enseñarse cómo utilizarlos.

8º. Pasar a limpio: edición y reproducción de textos

Casi nunca un texto sale bien «a la primera». Tras la evaluación y corrección, debe rehacerse —quizás varias veces— hasta quedar bien y, en este momento, conviene pasarlo a limpio si realmente se pretende completar el proceso. Es una tarea ardua. No siempre es necesaria, pero en algunas ocasiones «especiales» resulta imprescindible.

Es bueno menudear estas ocasiones. Conviene crear ocasiones especiales que invitan a acicalar, repasar, mejorar, presentar bien lo escrito. El destinatario es muy importante: un texto para el exterior motiva a dejarlo «perfecto». También el modo de edición, si otorga valor a lo escrito (el periódico escolar, un libro para casa, un folleto para imprimir...).

La calidad de un texto se realza con la presentación correcta. Afortunadamente, disponemos de mejores medios para mejorar la presentación: rotuladores, pinceles, etc.

El uso del procesador de textos, por su parte, permite obtener, con facilidad relativa, excelentes calidades de edición, tipos de letra variados, tamaños, recursos gráficos, etc. El uso de ordenadores por parte de los niños pequeños en la escuela se va imponiendo. En algunas escuelas, un equipo de locos por la informática editan, en revistas, textos de los más pequeños. Los resultados, excelentes, generan una motivación adicional para la escritura.

Y además, las letras son hermosas. Subrayar la belleza estética de las letras constituye un aspecto del trabajo escolar que queremos reivindicar. Es cierto que la caligrafía ha perdido prestigio. Merecidamente, por supuesto, pero no por la caligrafía en sí, sino por la vaciedad de su ejercicio, cuando se da desprovisto de significado ni utilidad, como mera actividad motriz injustificada. En cambio, cualquier niño goza «dibujando» titulares, inventando nuevos tipos caligráficos, entrenándose en los que le parecen más hermosos. Basta con ver los *graffiti* caligráficos de los adolescentes.

La edición, cuidada, de textos significativos para el niño, constituye un modo inmejorable de introducir el placer de dibujar letras bonitas. No olvidemos que en en muchas culturas —orientales, islámicas, etc.— la caligrafía es una especialidad artística, objeto de estudio e incluso de competiciones. Sin llegar a eso, podríamos restablecer su importancia justa en la escuela. Comentar tipos de letras que encontramos en logotipos, anuncios, titulares, libros, etc. comprobar su relación con ideas que queremos expresar: solidez, ligereza, elegancia, fuerza, contundencia... Imitarlos, inventar nuevos diseños, experimentar...

TIPOS DE ACTIVIDADES

Copia de textos

En algunas ocasiones está plenamente justificada: para registrar un texto tal como ha quedado, finalmente, después de un proceso de construcción y discusión colectiva; cuando necesitamos escribir un texto completamente correcto, por ejemplo al enviar una carta y, muy especialmente, cuando se trata de «pasar a limpio» un texto que ha sido debidamente repasado y mejorado en clase.

Algunos niños pequeños, en un momento determinado de su evolución, que puede prolongarse en algunos, sienten un especial placer en la actividad de copia: es un ejercicio motriz, que no requiere desgaste cognitivo y que produce un resultado satisfactorio, para sí mismo, para los padres, etc. Es una demostración de habilidad. No hay inconveniente en recoger en la actividad de clase alguna de estas tareas.

Sin embargo, la actividad de copia es una actividad de orden motriz o de atención, constancia, etc. pero no es una actividad de elaboración de lenguaje escrito, dado que en ella no se produce texto alguno. Tiene, casi, la misma validez, como aprendizaje, que la copia de dibujos, cenefas, adornos, etc., que pueden sustituirla con ventaja.

Dictados

1. Dictar al profesor

Este tipo de actividad —ya comentada en el bloque «Relaciones entre el lenguaje oral y el lenguaje escrito»— permite:

- Concentrar la atención del alumno en los aspectos de composición, organización del contenido, estilo, etc. (elaboración del pre-texto)

- Ofrece un modelo a los alumnos, tanto del proceso de composición (en el que el profesor colabora), como del proceso de codificación y los aspectos convencionales de la escritura.

- Producir textos complejos aun antes de saber escribir o cuando el dominio de la codificación es escaso.

2. Dictado de un alumno a otro(s)

Repartirse las tareas propias de la escritura ayuda a mejorar la producción y, sin duda, constituye un potente modo de aprendizaje interactivo.

La producción de textos en parejas de alumnos ha demostrado ser un excelente recurso para el aprendizaje de la escritura. Los dos alumnos comparten el tema, el conocimiento sobre el texto, el formato, el objetivo, etc.

Se reparten, en cambio, la tarea de que uno componga el texto, mientras el otro escribe en el papel. El que dicta acostumbra a supervisar la producción del otro, ejecutando así la tarea de repaso, identificación de dudas y corrección, mientras el «secretario» se aplica en los aspectos caligráficos y ortográficos.

A menudo, espontáneamente, las parejas de alumnos se organizan la tarea en turnos: cada uno escribe una línea, un párrafo, etc., con lo cual sus papeles se intercambian y enriquecen.

El profesor, sin embargo, debe estar atento a la composición de la pareja, para asegurar que ambos puedan cooperar correctamente.

3. Dictado del profesor a los alumnos

En muchas situaciones escolares está justificado que el profesor dicte a los alumnos. Por ejemplo, para registrar un texto compuesto colectivamente entre todos, o para realizar un ejercicio común o para anotar los deberes que hay que hacer o las cosas que hay que traer el día siguiente o para escribir una nota a los padres asegurando que no se nos olvida nada...

En algunas ocasiones, el dictado puede servir para hacer tareas de corrección o de evaluación. Sin embargo, la corrección y la evaluación pueden hacerse de formas muy distintas y diariamente, con cualquiera de los textos que los niños deben producir y elaborar constantemente en la escuela.

Pensemos bien cuando dictamos, para qué lo hacemos.

Escribir textos memorizados

Si, al ponerse a escribir, los alumnos saben de memoria el contenido de lo que van a escribir —una canción o poesía, por ejemplo—, el acto de escribir pone el acento en los aspectos más simples de la escritura: la transcripción, la caligrafía, la alineación, la ortografía, etc. Eso resulta muy útil entre los tres y los ocho años.

La escritura de textos memorizados tiene un grado menor de complejidad. No es preciso pensar qué se escribe (el niño se dicta a sí mismo) pero sí, cómo se escribe. Al concentrar la atención del niño en estos aspectos, podemos trabajar más específicamente con él el aprendizaje y las dificultades: análisis fonético, correspondencia entre el sonido segmentado y la grafía, dudas ortográficas, separación de palabras, caligrafía, etc.

Re-escribir textos conocidos

Cuando una noticia, un cuento, un texto cualquiera, etc. se han trabajado mucho en clase (se ha leído, se ha comentado, se ha reconstruido oralmente, etc.), el niño puede pasar a escribirlo, sobre la base de su conocimiento del texto original.

En este caso, la complejidad cognitiva de la tarea aumenta en un grado importante, respecto a textos memorizados. Las ideas están en la cabeza, pero hay que ordenarlas, expresarlas en lenguaje correcto y, finalmente, transcribirlas también con corrección. El grado de aprendizaje en la realización de esta tarea es muy alto. ¡Es nuestra actividad preferida!

La producción escrita de los niños, en este tipo de actividad, mejora muy notablemente en relación con actividades menos organizadas del tipo de inventar un cuento, explicar lo que hicieron en casa,... porque, al re-escribir, el contenido resulta claro, está compartido con los compañeros y profesor, y ya está ordenado. El texto original actúa al modo de guión previo, de esqueleto del texto a componer. En la escritura libre, menos organizada, el contenido de lo que se va a escribir está menos claro y su elaboración resulta más difícil.

Re-escribir un texto supone un esfuerzo. Pero están motivados para hacerlo si el texto les atrae; genera mucha discusión, posibilidad de interacción con los compañeros, surgen cantidad de problemas de escritura de todo tipo, etc. Es decir, les obliga a reflexionar muchísimo.

Es muy importante, en este tipo de actividad, el hecho de que el niño, al re-escribir, aprende y asimila mejor las características del texto escrito original, que actúa como modelo y punto de referencia. No se trata de copiar —aunque se imite, lo cual no es malo—, sino de dominar el texto y reconstruirlo a partir de las posibilidades y conocimientos de cada cual.

Por otra parte, en la escritura de textos conocidos, los alumnos se ven obligados a escribir textos largos: tienen mucha información acerca de lo que hay que escribir. Y lo hacen entusiasmados. El resultado, escribir varias páginas, en ocasiones, constituye un acontecimiento y una importante fuente de satisfacciones. A veces tal actividad puede durar varios días, sin menoscabo de la motivación.

Completar textos incompletos, con lagunas, etc.

Esta actividad se justifica, asimismo, por la necesidad de acotar los problemas al escribir. El texto puede ser incompleto por faltar palabras. Seleccionar la palabra adecuada, en un momento dado de la confección de un texto, constituye un problema serio para cualquier escritor: obliga a plantearse problemas léxicos, de sinonimia, de identificación de matices...; por otra parte, permite ejercitar la transcripción en palabras con dificultades ortográficas o gramaticales concretas.

Una modalidad de esta actividad, es completar partes del texto: por ejemplo, el final, el nudo de la acción, una parte del proceso, una descripción, un diálogo directo, etc. De esta forma, aumenta la complejidad: ponemos el acento en la imaginación o en el conocimiento preciso de lo que se va a exponer.

Además, esta actividad combina la lectura, atenta y comprensiva, con la escritura. Y exige el uso de un procedimiento imprescindible para escribir bien: releer atentamente para continuar correctamente el texto.

Escribir textos originales

Desde muy temprano, el niño experimenta el placer de inventar textos, expresar opiniones propias, comunicar algo, etc. Por supuesto, se trata de estimularle y ofrecerle múltiples ocasiones, sin limitación.

El profesor debe tener en cuenta, de todos modos, que la producción de textos originales es una tarea muy compleja lo que, a menudo, empobrece el resultado de la escritura.

Recomendamos que al proponer la escritura de textos originales se acote bien el campo de posibilidades: el tema, las características del tipo de texto, el formato, etc. Parece preferible hablar de cosas concretas, que puedan ser compartidas por el profesor y los otros compañeros (para discutir en común cómo se van a escribir).

Hablar, por ejemplo, de lo que se ha hecho el fin de semana o en las vacaciones, resulta demasiado impreciso y no ofrece posibilidades de contrastar, aportar sugerencias o enriquecer la producción del alumno; la elección de cuál de las múltiples actividades realizadas se va a escribir, ya es de por sí una tarea francamente difícil.

Recomendamos, por esta razón, que el texto que se propone tenga un referente claro y pueda ser corto, con objeto de mejorarlo. Algunas sugerencias para esta tarea podrían ser: comentar láminas o fotografías (pie de foto), inventar títulos, anuncios, problemas aritméticos, preparar preguntas, continuar frases sugerentes, rellenar textos con lagunas, rellenar los globos en un cómic sencillo, etc.

Sin embargo, el contacto que pueda haber tenido el niño con otros tipos de texto, tales como cuentos, poemas, descripciones, etc. le permite abordar, ocasionalmente, la escritura de textos originales, análogos a los conocidos.

Actividades de edición, reprografía e impresión

Razones muy diversas recomiendan prestar mucha atención, en la escuela, a la enseñanza de procesos de edición y reproducción, es decir, de enseñar a usar lo fundamental de la escritura: hacerla llegar en condiciones óptimas a los lectores.

- La motivación suplementaria que introduce el uso de diversos materiales de edición: imprentillas, letras de componer, máquinas de escribir, ordenadores... buenas para todos los alumnos e imprescindibles para algunos (alumnos con problemas graves de orden motriz o sensorial...).

- El hecho de que tales materiales ayudan a la escritura correcta en la medida que eliminan algunos problemas perturbadores de la escritura (la caligrafía, por ejemplo).

- El hecho de introducir aspectos manipulativos y tecnológicos que complementan la acción mental de leer y escribir.

- La educación de las actitudes fundamentales referidas al placer por el trabajo bien hecho, la necesidad de corregir para obtener un buen resultado, la importancia de la buena presentación de un escrito, etc.

El uso de fotocopiadoras —con posibilidades de ampliar, reducir, componer colages, etc.—, imprentas de glicerina, reprografía, etc. plantea problemas nuevos y, además, permite difundir lo escrito por los alumnos (periódicos escolares, carteles, recetarios, colecciones de cuentos o poemas escritos por alumnos, «libros» temáticos, informes de proyectos...), lo que añade estímulos a la corrección, a la composición y a poner en limpio, mejorando la presentación y la articulación de texto e imagen, etc.

ASPECTOS PARA OBSERVAR EN CADA TIPO DE ACTIVIDAD

▶ *Copia de textos*

Reproducción correcta del texto.

Aspectos convencionales gráficos y tipográficos.

Calidad estética del trabajo realizado.

▶ *Dictados*

1. Dictar al profesor.
2. Dictado de un alumno a otro(s).
3. Del profesor a los alumnos.

- Elaboración del texto que pasa a ser escrito. Coherencia y orden del texto dictado. Auto-regulación de lo que se dice y forma parte —o no— del texto; de lo que debe escribirse; de lo escrito y de lo que falta.
- Elaboración oral del texto que pasa a ser escrito. Regulación de lo que se dice... Lectura o interpretación del texto escrito. Niveles de construcción del sistema alfabético. Asumir los dos papeles (productor del texto y secretario).
- Niveles de construcción del sistema alfabético. Dificultades de codificación

▶ *Escritura de textos memorizados*

Niveles de construcción del sistema alfabético.

Respeto de aspectos convencionales.

▶ *Re-escribir textos conocidos*

Niveles de construcción del sistema alfabético.

Ajuste a los aspectos acordados en el pre-texto.

Fidelidad a los contenidos y características del texto original.

Elaboración coherente del texto.

▶ *Completar textos incompletos, con lagunas, etc.*

Niveles de lectura de textos.

Estrategias de anticipación del fragmento que falta.

Niveles de construcción del sistema alfabético.

Justificación de las decisiones tomadas.

▶ *Escribir textos originales*

Explicitación de la finalidad y características del texto a escribir.

Niveles de construcción del sistema alfabético.

Elaboración previa del texto (guión...).

Coherencia del texto.

Observación, en el texto, de las características de la tipología usada.

▶ *Actividades de edición, reprografía e impresión*

Ajuste a las consignas y condiciones acordadas.

Uso de recursos para la mejora estética del texto.

Uso de recursos de compaginación, ilustración, encuadernación, etc.

MUESTRA DE ACTIVIDADES

Escritura de una canción memorizada (Núria, 5 años)

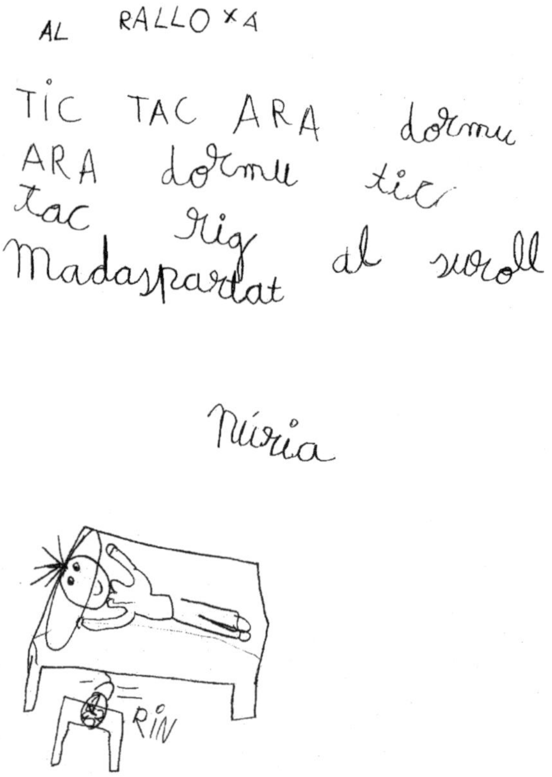

TRANSCRIPCIÓN CORREGIDA
«EL RELLOTGE. TIC TAC ARA dormo, ara dormo / Tic Tac, ring, el soroll m'ha despertat. NÚRIA.»

TRADUCCIÓN
EL RELOJ. TIC TAC AHORA duermo (bis), Tic Tac, ring, el ruido me ha despertado».

Re-escritura de un cuento conocido (5 años)

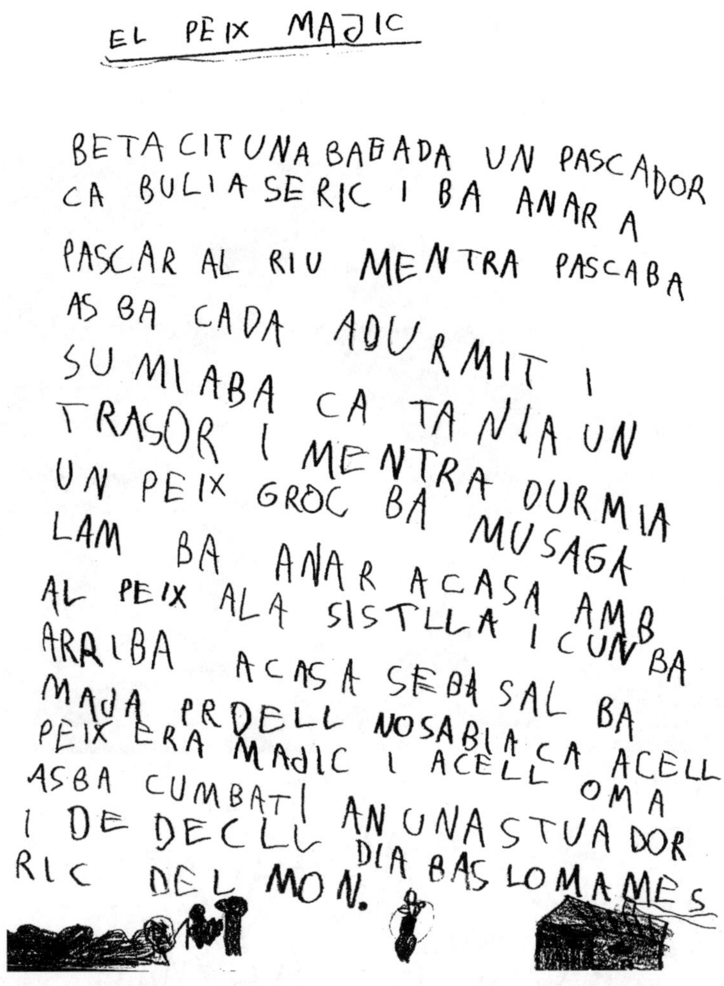

TRANSCRIPCIÓN CORREGIDA

EL PEIX MÀGIC./ Vet aquí una vegada un pescador/ que volia ser ric i va anar a / pescar al riu, mentre pescava, / es va quedar adormit i / somiava que tenia / un tresor i mentre dormia,/ un peix groc va mossegar / la ma. Va anar a casa amb / el peix a la cistella i quan va / arribar a casa seva, se'l va / menjar, però ell no sabia que aquell / peix era màgic i aquell home, / es va convertir en una estàtua d'or / i des d'aquell dia, va ser l'home més / ric del món.

TRADUCCIÓN

EL PEZ MÁGICO.

Una vez, un pescador que quería ser rico y fue a pescar al río(,) mientras pescaba se quedó dormido y soñaba que tenía un tesoro y mientras dormía(,) un pez amarillo le mordió la mano (.) fue a su casa con el pez en el cesto y cuando llegó a su casa se lo comió(.) pero él no sabía que aquel pez era mágico y aquel hombre se convirtió en una estatua de oro y desde entonces fue el hombre más rico del mundo.

Escritura
de una noticia
(6 años)

LA ORCA ULISES SE-
ESTA TORNAN BOJA

6 SIANTIFICS 4ASTRANJES Y
2 CATALANS SAN RAUNITT
ABARSALONA PAR DASIDI
SI LA TORNAN AL MAR
DE ISLANDIA Ó LA
PORTAN AL PARC
ACUATIC DELS ESTATS
Units

TRANSCRIPCIÓN CORREGIDA

L'ORCA ULISSES S'ESTÁ TORNANT BOJA.
6 científics, 4 extrangers i 2 catalans, s'han reunit a Barcelona per decidir si la tornen al mar d'Islàndia o la porten al parc aquàtic dels Estats Units.

TRADUCCIÓN

6 científicos, 4 extranjeros y dos catalanes, se han reunido en Barcelona para decidir si la devuelven al mar de Islandia o la llevan al parque acuático de los Estados Unidos.

Nom marc

Data dimecres, 3 D'ABRIL DE 1992

En Pere Gat

Al terrat de casa meva
passejava sempre un gat,
els ulls grossos com taronges
i els bigotis estirats.

Coneixia moltes rates,
però a cap no feia mal;
preferia les patates
amb vinagre, oli i sal.

El primer que va passar va ser l'ànec
i amb veu de nas va parlar:
- ai ratita que ethufona
us voldríeu casar amb mi.
- Ai ànec em deixeríeu sentir abans la vostra veu?
- Cuac cuac

COMPLETAR UNA CANCIÓN CON LAGUNAS	COMPLETAR UN FRAGMENTO DEL CUENTO DE LA RATITA PRESUMIDA
TRADUCCIÓN: Pedro el Gato / Por el tejado de mi casa / paseaba siempre un gato / los ojos grandes como naranjas / y los bigotes estirados. / Conocía muchas ratas / pero a ninguna le hacía daño / prefería las patatas / con vinagre, aceite y sal. (Marc, 7 años).	**TRADUCCIÓN:** El primero que pasó fue el pato / y con su voz nasal dijo: / Ay, ratita, qué preciosa eres / ¿te querrías casar conmigo? / Ay, pato, ¿me dejas oír antes/ tu voz? / Cuac, cuac... (Marc, 7 años)

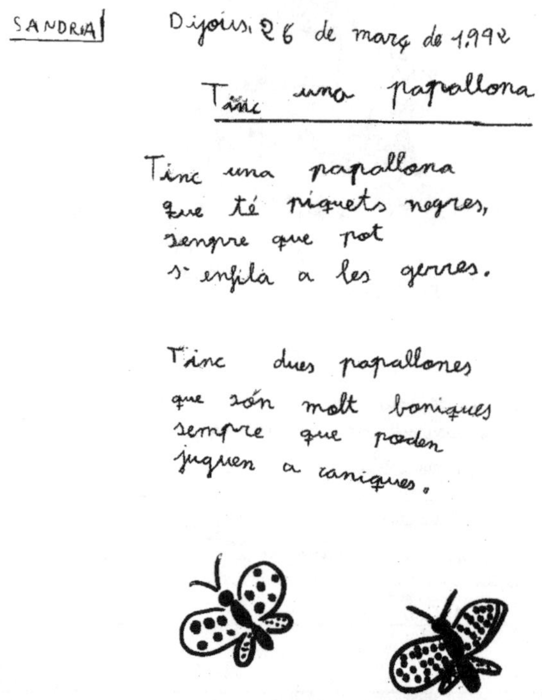

ESCRITURA DE UN PAREADO ORIGINAL (5 años)	ESCRITURA DE UNA POESÍA ORIGINAL (Sandra, 7 años)
TRADUCCIÓN: Por la mañana Martín / quiere dormir debajo de un pino.	**TRADUCCIÓN:** Tengo una mariposa / que tiene piquitos negros / siempre que puede / se sube a las jarras. / Tengo dos mariposas / que son muy bonitas / siempre que pueden / juegan a las canicas.

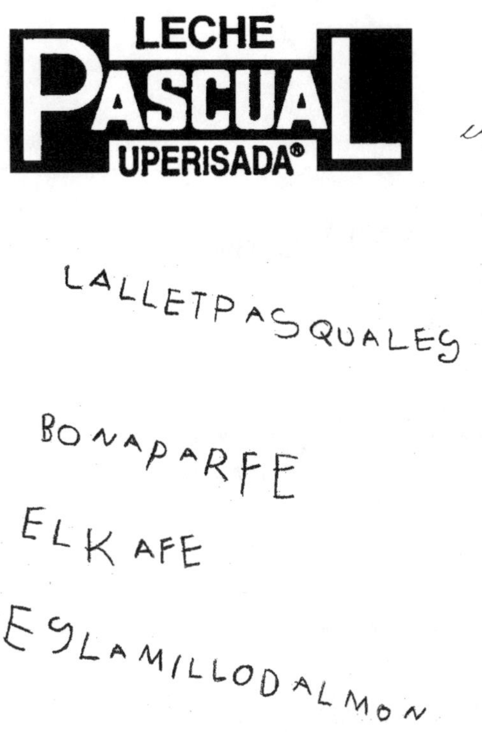

Escritura de un anuncio (5 años)

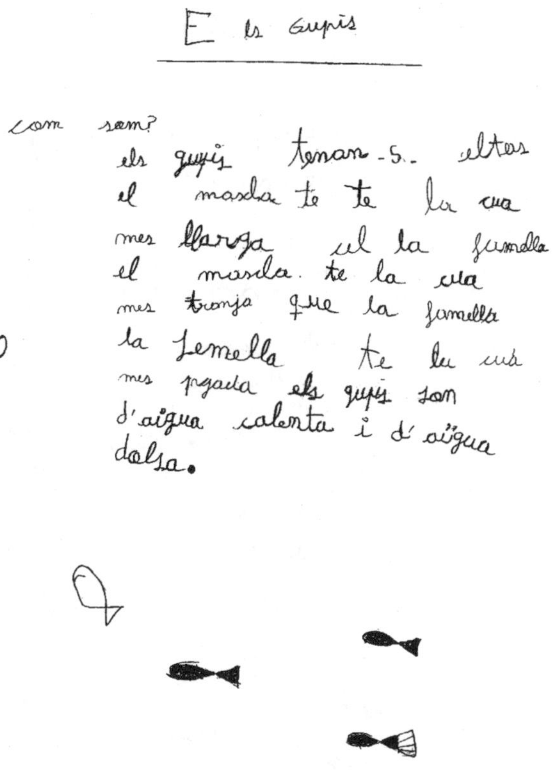

Escritura de un texto expositivo (6 años)

TRANSCRIPCIÓN CORREGIDA

La llet Pascual és / bona per fer / el cafè / és la millor del món.

TRADUCCIÓN

La leche Pascual es buena para hacer café. Es la mejor del

TRANSCRIPCIÓN CORREGIDA

ELS GUPPYS.
Com són? Els guppys tenen 5 aletes. El mascle té la cua més llarga que la femella. El mascle té la cua més taronja que la femella. La femella té la cua més pigada. Els guppys són d'aigua calenta i d'aigua dolça.

TRADUCCIÓN

LOS GUPPYS.
¿Cómo son? Los guppys tienen cinco aletas. El macho tiene la cola más larga que la hembra. El macho tiene la cola más naranja que la hembra. La hembra tiene la cola más pecosa. Los guppys son de agua caliente y de agua dulce.

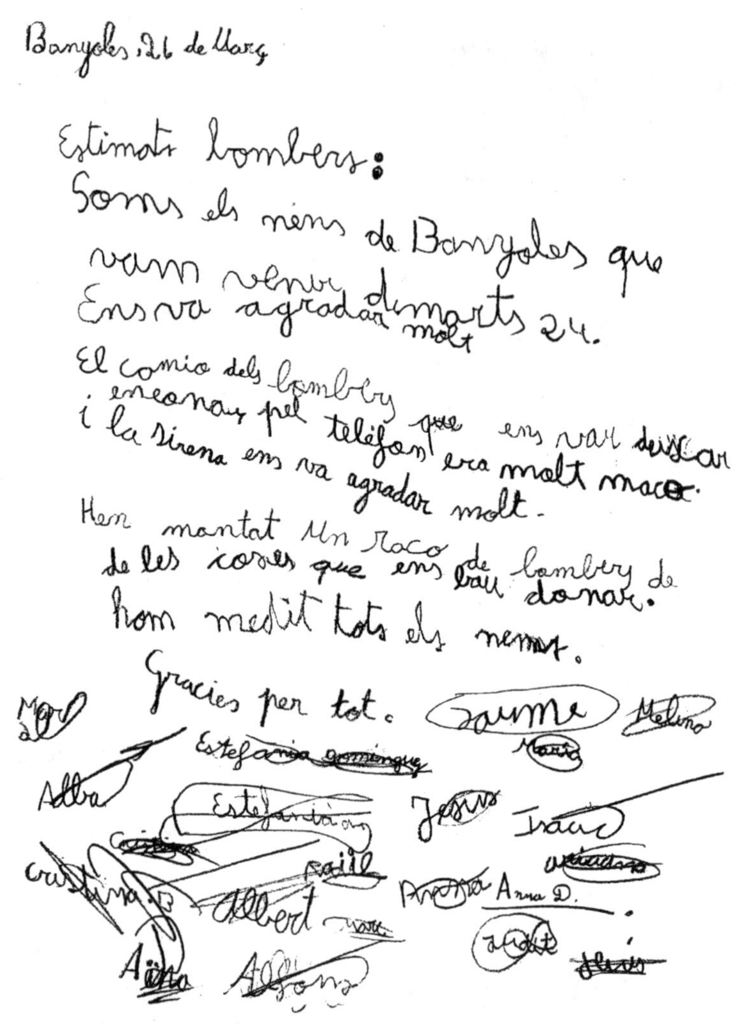
Banyoles, 26 de Març

Estimats bombers:
Soms els nens de Banyoles que
vam venir dimarts 24.
Ens va agradar molt.
El camio dels bombers
i enraonar pel telefon que ens vau deixar
era molt maco.
i la sirena ens va agradar molt.
Hem muntat un raco de bombers de
de les coses que ens vau donar.
hem medit tots els nens.
Gracies per tot.

TRANSCRIPCIÓN CORREGIDA

Banyoles, 26 de març / Estimats bombers: / Som els nens de Banyoles que / vam venir dimarts 24 / Ens va agradar molt. / El camió dels bombers que ens vàreu deixar / enraonar pel telèfon era molt maco / i la sirena ens va agradar molt / Hem muntat un racó de bombers de / les coses que ens vàreu donar. / Hem mesurat tots els nens. / Gràcies per tot.

TRADUCCIÓN

Banyoles, 26 de marzo. / Queridos bomberos: / Somos los niños de Banyoles que / vinimos el martes 24. / Nos gustó mucho. / El camión de los bomberos que nos dejasteis / hablar por teléfono era muy bonito./ Y la sirena nos gustó mucho. / Hemos montado un rincón de bomberos de / las cosas que nos disteis / Hemos medido todos los niños. / Gracias por todo.

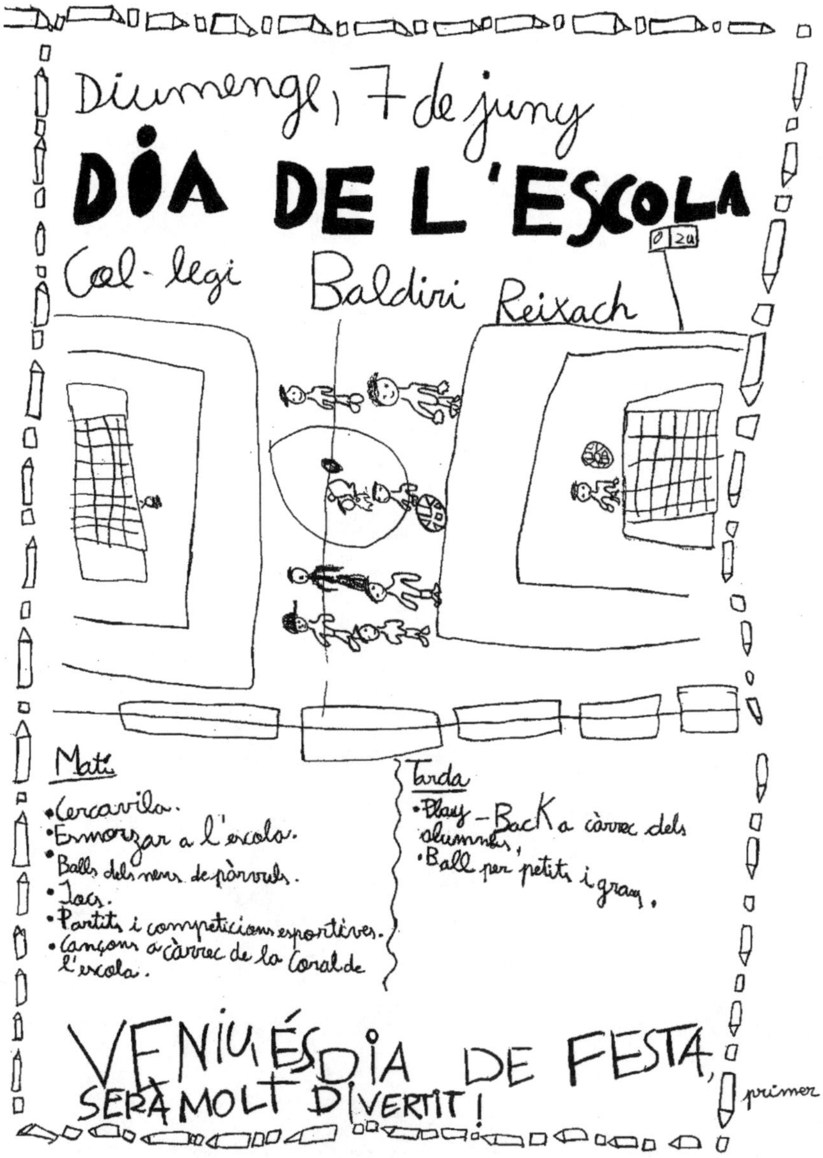

Edición de un cartel anunciador de la fiesta de la escuela (6 años)

La escritura ha sido corregida exhaustivamente dado el carácter público del cartel.

TRADUCCIÓN

Domingo, 7 de junio. DÍA DE LA ESCUELA. Colegio Baldiri Reixach. *Mañana* Pasacalle / Desayuno en la escuela / Bailes de los niños de párvulos / Juegos / Partidos y competiciones deportivas / Canciones a cargo del grupo coral de la escuela. *Tarde* Play-back a cargo de los alumnos / Baile para pequeños y mayores.

¡VENID, ES DÍA DE FIESTA, SERÁ MUY DIVERTIDO!

CAPÍTULO 16

La lectura como interpretación y comprensión de textos

CONTENIDOS CURRICULARES

Conceptos

LEC: LA LECTURA COMO INTERPRETACIÓN Y COMPRENSIÓN DE TEXTOS

1. Conocimientos necesarios para la lectura:
    1. Acerca de la necesidad y finalidad de la lectura.
    2. Acerca de los indicadores del contexto útiles para anticipar la lectura (situación, ilustraciones, tipografía, soporte material del texto...).
    3. Acerca del tema.
    4. Acerca de la estructura del texto según su tipología.
    5. Acerca del vocabulario, léxico, construcciones típicas, etc.
    6. Acerca de los aspectos gramaticales específicos del texto.

Procedimientos

LEC: PROCEDIMIENTOS GENERALES DE LECTURA

1. Explicitación de la finalidad de la lectura y del tema del texto.
2. Anticipación del contenido:

- Activación de conocimientos previos.
- Uso del contexto y otros indicadores para la comprensión del texto.
- Formulación de cuestiones: guía de lectura.

3. Lectura interactiva:
    - Construcción progresiva del significado del texto.
    - Verificación y reformulación de hipótesis.
    - Identificación y análisis de los errores de lectura.
4. Recapitulación.
5. Ampliación de la lectura.

Actitudes

LEC: ACTITUDES EN RELACIÓN CON LA LECTURA

1. Motivación, curiosidad e interés por la lectura de textos que rodean al niño.
2. Autoexigencia en la lectura y valoración de la propia comprensión del texto. Autoevaluación del grado de comprensión y de las dificultades en la lectura.
3. Actitud crítica ante mensajes transmitidos por los textos escritos, mostrando especial sensibilidad hacia los que suponen discriminación social, sexual, racial, etc.
4. Actitud activa e inquisitiva ante el texto: hacerse preguntas, establecer relaciones con lo ya sabido, formular hipótesis, formular juicios y opiniones personales, etc.
5. Atención, concentración, silencio y orden en la lectura individual o en grupo y participación activa en tareas de preparación y comentario del texto.
6. Hábitos de lectura en la escuela y en la casa. Uso de bibliotecas.

DESARROLLO DE LOS CONTENIDOS

Algunos vicios escolares en relación con la lectura

No es con ánimo de ofender, de verdad. Pero todas las investigaciones que se vienen haciendo sobre la enseñanza de la lectura en la escuela (no sólo en España), coinciden en que la escuela dedica muchísimo más tiempo a evaluar la comprensión que no a enseñarla. Y, además, que se tiende a evaluar mal.

La mayor parte de actividades «de comprensión lectora» consisten en hacer preguntas acerca de lo leído. Pues bien, una buena parte de estas preguntas no se refieren a la comprensión real sino a otras actividades (localización, memoria, etc.). Isabel Solé (1987) ha puesto un ejemplo muy gráfico, que no nos resistimos a reproducir, adaptado al castellano:

Leed este texto y contestad las preguntas:

«Isabel esticuraba un po y lo artamunía a Carmen. Alberto no pintalucaba pos ni tenas, porque Isabel y Carmen custonían nipas.

1. ¿Quién esticuraba un po?
2. ¿Por qué Alberto no pintalucaba pos ni tenas?
3. ¿Qué custonían Isabel y Carmen?»

Seguro que habéis obtenido una alta puntuación en vuestra comprensión lectora de este texto.

En otras muchas ocasiones, las preguntas de «comprensión» se refieren a detalles nimios, secundarios, que no afectan a la comprensión de las ideas principales. O sea, que ¡mucho ojo con las preguntas de comprensión!

Por otra parte, igual como sucede en la escritura, la escuela ha tendido a fragmentar el proceso de enseñanza de la lectura: primero, la enseñanza de supuestos «pre-requisitos»; luego, descodificar (conocer las letras, «juntarlas» de sílaba en sílaba: la M con la A, MA); después, ejercitar para conseguir integración de la palabra y rapidez lectora. Finalmente, es decir, muy tarde, se exige comprensión.

En cambio, es raro en la escuela formular hipótesis, anticipar el contenido de lo que va a venir, discutir el título y valorarlo como fuente de información, discutir la lógica que ha llevado a un error de interpretación, enseñar a hacer resúmenes, discutir las ideas principales, subrayar, hacer guiones, etc.

¿Qué es leer?

Proponemos considerar que *leer es comprender un texto* (Solé, 1987), dar sentido a lo que está escrito; interpretar lo que dice un texto; descubrirle significado. Es una interacción entre el pensamiento activo del lector y lo que dice el texto.

Se es más competente en la lectura en la medida en que lo que interpretamos corresponde bien a lo que está escrito. Por eso, nunca se alcanza la perfección ni al leer ni al escribir. Vosotros, por ejemplo, al leer este texto, seguro que lo comprendéis, pero eso no impide que os queden aspectos oscuros, quizás que nos malinterpretéis en algún momento. Ninguno de los que escribimos esto sabe leer correctamente a Einstein... ¡ni a tantos otros!

Por tanto, un niño de tres años, ante un texto escrito acompañado de una imagen —que le dé pistas y referencias— puede interpretar que aquello dice... pelota, si el dibujo muestra una pelota. A lo mejor no «acierta», pero ha dado una respuesta lógica y reflexiva que constituye el primer paso de la lectura: lo que hacemos todos, adelantar hipótesis.

En definitiva, lo que hace un niño cuando se enfrenta a un texto, es, fundamentalmente, lo mismo que hacemos los adultos:

1. FORMULAR UNA HIPÓTESIS: Imaginar lo que dirá aquello a partir de indicios o señales (contexto, ilustraciones, tamaño y forma de las palabras, etc.)
2. COMPROBAR LA HIPÓTESIS: Usando nuestros conocimientos (descifrado, contexto, etc.)
3. AVANZAR O RETROCEDER EN LA LECTURA: Si lo que hallamos escrito no corresponde con la idea que nos habíamos formulado, probablemente nos detendremos, volveremos a leer para confirmar y cambiar nuestra idea, etc. Por ejemplo, al leer:

   CRISTÓBAL COLÓN DESCUBRÓ AMRRICA EL 12 DE OCTUBLE DE 1592,

es posible que:

a) Hayamos corregido espontáneamente algunos de los 4 errores, sin percatarnos siquiera de ellos, porque lo que esperábamos leer ha prevalecido sobre lo que realmente dice.

b) Nos hayamos detenido y repasado la lectura para comprobar si realmente dice lo que dice, dado que es inesperado.

Estos procedimientos, propios de quienes saben leer bien, son los que debemos enseñar a los niños. Para ello, es preciso que todas las actividades de lectura los incluyan y se ejerciten activamente.

Veamos, a continuación, cómo organizar en clase una sesión de lectura con objeto de enseñar a nuestros alumnos los procedimientos propios de la lectura comprensiva. En realidad, recogemos el proceso de lectura que realizamos los adultos expertos, como modelo de habilidades que debemos enseñar a los alumnos.

Definir finalidad y objetivos de la lectura

▶ ANTICIPAR EL CONTENIDO

- Activar conocimientos previos.
- Uso del contexto y otros indicadores.
- Formulación de cuestiones: guía de lectura.

▶ LECTURA INTERACTIVA

- Construcción progresiva del significado.
- Verificación y reformulación de hipótesis.
- Identificar y corregir errores de lectura.

▶ RECAPITULACIÓN DE LO LEÍDO

▶ AMPLIACIÓN DE LA LECTURA

- Evaluar la comprensión alcanzada.
- Comentario del texto.
- Resumen e idea principal.

Motivación y afición a la lectura

La palabra escrita tiene muchos competidores temibles en el interés de los niños: la televisión, los videojuegos, etc. ocupan espacios que antes podían dedicarse a la lectura... y requieren menor esfuerzo mental.

Sin embargo, de nada sirve aprender a leer si luego no se utiliza. Escaso valor tendría la escuela que no consigue aficionar a la lectura a los niños y generar hábitos de lectura.

Hábitos: leer mucho y bien. En clase y fuera de la escuela.

Motivación: Proponer textos de calidad y adecuados a los niños. Proponer y diseñar situaciones agradables para leer: sesiones de biblioteca, silencio, confort... Proponer tareas que supongan un reto, asequible a los niños y que estimulen su pensamiento e imaginación.

Situaciones de lectura que tengan sentido por sí mismas, que estén relacionadas con temas que despierten la curiosidad de los niños, que estén orientadas a disfrutar y que les permitan un margen de elección acerca de lo que van a leer y de cómo hacerlo.

1º. No siempre leemos del mismo modo: la finalidad y los objetivos de la lectura

Al leer, más incluso que al escribir, es fundamental establecer con claridad PARA QUÉ vamos a leer. Esto resulta determinante en la lectura.

Hay formas de leer muy distintas entre sí. Se diferencian por los procedimientos pertinentes a cada una de ellas: modos de lectura específicos, que los niños deben ir conociendo desde muy temprano.

La lectura depende de la *situación*: no es lo mismo leer en la cama que leer en una biblioteca. Depende del *tipo de texto*: no se lee del mismo modo una policíaca que un tratado de filosofía medieval. Depende, también, de la *intención* del lector: pasarlo bien o preparar un examen, etc.

En la escuela, tampoco hay una sola forma de leer, se puede hacer en silencio, en voz alta, coralmente, para sí mismo, para un compañero, para el maestro, para todos, para enterarse de algo, para estudiar, para memorizar, para disfrutar...

La lectura en clase, además, puede tener objetivos distintos, que conviene precisar claramente. Quizás leamos para medir nuestra rapidez o para aprender a descifrar: en estos casos, dejaremos en segundo término la comprensión exacta de lo leído.

A menudo, en la escuela, se lee para después responder a unas preguntas, para hacer un resumen, para estudiar, para enterarse de unas instrucciones...

Además, el modo de leer viene condicionado por las *características del tipo de texto* y la finalidad de su lectura. Como ya dijimos, refiriéndonos a la escritura, parece útil distinguir cinco grandes modos de leer, que incluyen una serie de procedimientos específicos que es recomendable distinguir en la escuela. Los hemos agrupado atendiendo a usos y objetivos principales de la lectura:

1. Localización y manejo de datos. (TEXTOS ENUMERATIVOS)
2. Comunicación e información general. (TEXTOS INFORMATIVOS)
3. Estudiar. (TEXTOS EXPOSITIVOS)
4. Placer y literatura. (TEXTOS LITERARIOS)
5. Para aprender a hacer algo. (TEXTOS PRESCRIPTIVOS)

Hay unos procedimientos generales, comunes a todo tipo de lectura, que conviene enseñar siempre en la escuela, en cualquier actividad de lectura. Pero, además, según el tipo de texto y el objetivo de la lectura, manejaremos y enseñaremos otros procedimientos, más específicos. Desarrollaremos este tema en el capítulo siguiente: «LOS TEXTOS COMO UNIDAD BÁSICA DEL LENGUAJE ESCRITO».

2º. Anticipar el contenido

Los lectores expertos no empiezan a leer directamente por el principio. Previamente, ¿qué hacen?

Se aproximan al texto. Lo sitúan, le dan una ojeada, miran la extensión, las ilustraciones, la tipografía... Eso les aporta mucha información útil para *representarse* el contenido de lo que van a leer, es decir, para hacerse una imagen, anticipar el contenido. Y a partir de ahí elaboran una guía para la lectura.

Este paso previo puede ser automático —e inconsciente— para muchos adultos, pero para los niños debe enseñarse explícitamente. Desde otro punto de vista, estas actividades de exploración y anticipación, sirven para activar las neuronas y ponerlas en acción frente a una lectura que no es simplemente recepción, sino esfuerzo mental activo.

Activar conocimientos previos

Nos apoyamos, en primer lugar, en nuestros *conocimientos previos* sobre el contenido del texto. Si el texto se refiere a una noticia, debemos recordar que las noticias informan de sucesos importantes; que indican qué pasó, dónde, cuándo, cómo, por qué y qué consecuencias tuvo. Este conocimiento de la estructura de la noticia facilita nuestra lectura. Lo mismo nos sucede respecto a la estructura típica de los cuentos o narraciones.

Si el texto se refiere a un tema de estudio en clase, es imprescindible recordar lo que sabemos de él, para poder establecer conexiones con la información que aporte el texto.

Los conocimientos previos se activan, además, en cada palabra que leemos: Cristóbal Colón, por ejemplo, activa en nosotros una serie de asociaciones: Descubrir, América, genovés, Reyes Católicos, carabelas, 12 de octubre, 1492, etc.; cualquiera de esas palabras puede esperarse y bastará un indicio mínimo para confirmarla. En cambio, no esperamos encontrar a continuación palabras como inventar, África, polaco, Alejandro Magno, aeropuerto, 25 de diciembre o 1945, por ejemplo.

Uso del contexto y otros indicadores

La *situación* en que se produce la lectura marca, asimismo, el modo y los procedimientos para leer. Si es para disfrutar, solo, en el sillón preferido, la lectura se hará de un modo muy distinto que si estamos en clase, ante el profesor, con los compañeros. Como distinta será una lectura según se haga en la biblioteca o en el autobús, ante un público o para uno mismo, en voz alta o con lectura silenciosa, para pasar el rato o para preparar un examen.

En segundo lugar, consideramos el *contexto:* en un libro con formato e ilustraciones propias de un cuento infantil, no esperamos encontrar noticias de actualidad. Si la ilustración muestra a Caperucita Roja, nos sorprendería que el texto hablara del Gato con Botas o de ecuaciones. Así, por el contexto, podemos prever el contenido, que no era igual en un folleto que en un cartel; como también será distinto según se trate de un periódico serio o de una publicación humorística, de un diario de información general o de uno deportivo.

El texto puede ir acompañado de *ilustraciones,* que aportan información acerca del contenido. Puede disponer de varios *indicadores tipográficos*: títulos, subtítulos, recuadros, tablas, subrayados, negritas, cursivas...

El *título*, asimismo, nos orienta acerca de lo que vamos a leer. Especialmente en textos expositivos o informativos: el título de una noticia nos sirve para decidir si nos interesa leerla o no; en una librería, el título del libro nos indicará si nos interesa o no.

En cambio, los títulos literarios aportan poca información útil para anticipar su contenido: *La Odisea, El Quijote, Platero y yo, Los santos inocentes o Pulgarcito* apenas informan acerca de lo que nos espera, a menos que lo conozcamos previamente. En literatura, recurrimos a otros elementos que aporten indicios: el autor, los comentarios de contraportada, las ilustraciones, el tipo de edición, etc....

En otros textos, consideraremos el *índice*, los comentarios de las solapas, de la contraportada, etc. que informan acerca del texto.

Formular cuestiones: Guía de lectura

Toda esta información previa al inicio de la lectura sirve para prepararnos mentalmente a la actividad de leer.

Permite elaborar un cierto plan, una guía de lectura: el grado de interés imaginado determinará una lectura más o menos superficial. Buscaremos sólo los elementos principales o nos entretendremos en los detalles y matices, etc.

También aquí, conviene explicitar claramente a los alumnos el plan de lectura que guiará su tarea. Al leer, esperamos siempre adquirir algo nuevo, responder algunas preguntas (¿quién es el asesino? ¿cómo lo hizo?). Buscamos algo concreto.

Un elemento clave es la *formulación de cuestiones,* a partir de la información previa disponible. Por ejemplo, una ilustración del cuento sugerirá preguntas acerca de los personajes, de su origen, de los aspectos llamativos de su vestimenta, de los objetos sorprendentes que llevan, etc.

El título de un texto expositivo permite formularse preguntas acerca de los aspectos que esperamos encontrar.

No sólo preguntas; también *hipótesis* y anticipaciones de respuestas posibles.

En conjunto se trata de abordar el texto de un modo inquisitivo, activo, despierto.

El profesor debe estimular esta actitud en sus alumnos. Es, además, una forma de motivarles la lectura y orientar su trabajo mental mientras leen. Es la mejor forma de hacer rentable la actividad de leer. Casi siempre, mejoraremos la lectura si escribimos en la pizarra una guía de lectura que incluya las cuestiones importantes que han surgido acerca del texto, en la fase de preparación.

3º. Lectura interactiva

Construcción progresiva del significado del texto

Al leer, el texto se nos va revelando poco a poco. Lo que vamos leyendo se ajusta a nuestras expectativas o no, aparecen aspectos inesperados, sorprendentes, se nos plantean nuevos interrogantes.

Durante la lectura, no permanecemos pasivos si queremos profundizar en el significado. Mientras leemos, simultáneamente pensamos, evaluamos, criticamos, formulamos preguntas. Incluso retrocedemos para aclarar aspectos oscuros o dudosos. Aceleramos el ritmo o lo hacemos más lento según la dificultad o el interés de lo que se lee, nos saltamos párrafos que juzgamos aburridos o innecesarios, sentimos emociones: nos infunde temor, o risa, o preocupación, o placer...

Estos procedimientos de lectura activa, de inter-relación con el texto, de implicación del lector, deben ser enseñados. En primer lugar, a partir del modelo del profesor que lee y que muestra a los alumnos lo que piensa mientras lee. En segundo lugar, en la lectura colectiva, haciendo interrupciones —en los momentos adecuados, no como los anuncios en las películas de TV, siempre inoportunos— y recapitulando lo leído, comentando una expresión, preguntando acerca de lo que sucederá a continuación, asegurando la comprensión básica para seguir teniendo interés en la lectura.

Mientras se lee, se construyen significados, se aprende, se piensa.

Verificación y reformulación de hipótesis

¿Cómo comprobamos nuestras hipótesis? Leyendo y descifrando. Pero también ahora es necesaria una actitud activa por parte del lector: no es preciso descifrar todas y cada una de las letras y palabras si queremos adquirir rapidez. Las primeras letras y la forma general de la palabra bastan a menudo para imaginar cuál es la palabra escrita. Será el contenido, la coherencia de la frase y de las ideas, lo que confirme que nuestra apreciación es correcta o, en caso contrario, nos haga retroceder y hacer una lectura lenta y minuciosa para descifrar.

Por supuesto que los aprendices de lector cometen más errores que los adultos. Pero el proceso es el mismo y el número de errores disminuirá en la medida en que:

a) El contenido de lo que se va a leer sea más conocido por el niño y esté más presente en la conciencia: esté más activado. Por eso es bueno que el profesor lea previamente el texto, lo resuma o avance las ideas principales. Eso ayudará a orientar la lectura del niño.

b) El contexto sea lo más explícito posible: formato material, ilustraciones, situación de la lectura, objetivo de la misma, etc. Por eso recomendamos preparar siempre la lectura, definir su objetivo, ojear el texto, comentar las ilustraciones, etc.

c) La actitud del niño sea lo más activa posible: que se formule preguntas, que avance posibilidades, que prevea las palabras siguientes, las ideas y sucesos que vendrán a continuación, etc.

d) La calidad, rapidez y automatismo en el descifrado sea mayor.

Identificar y corregir los errores de lectura

Como en cualquier problema cognitivo, en la lectura lo fundamental es, en primer lugar, identificar el problema.

A menudo, los niños y los adultos cometemos errores al leer. Errores de descifrado o de comprensión. No todos tienen la misma importancia: algunos impiden la comprensión cabal del texto. Otros no, en absoluto, y pueden ser obviados.

Los errores que afectan a la comprensión del texto deben ser identificados rápidamente o darán lugar a malas interpretaciones.

Los alumnos deben aprender a identificar y localizar los errores. Cuando leen en voz alta —momento en que podemos seguir su proceso de lectura— habrá que interrumpirles, *pero no siempre,* únicamente cuando el error lo merezca. La interrupción debiera bastarles para identificar y localizar el error cometido. No es bueno que sea el profesor u otro compañero quienes les den la solución correcta. Deben encontrarla por sí mismos.

Los errores, además, indican, casi siempre, procedimientos defectuosos. Procedimientos de descifrado: por ejemplo, dejarse engañar por las primeras letras y aventurar el final de las palabras: ello puede alterar el género, el número, el tiempo verbal, la concordancia, etc. O errores porque no se anticipa globalmente la palabra, se deletrea, con lo que resulta más difícil integrar el sentido global.

Pueden ser errores en procedimientos de comprensión. Uno de ellos sería inferir el significado de una palabra atendiendo sólo al antecedente, pero no al consecuente, como en este ejemplo:

En un texto sobre barcos de pesca actuales, dice:

«els avenços tècnics permeten *romandre* els vaixells de pesca molt de temps a la mar, de forma que...» [»el progreso técnico permite a los barcos de pesca *permanecer* mucho tiempo en el mar, de modo que...»]

ROMANDRE es una palabra poco usual en catalán, de modo que la profesora pregunta acerca del significado. Un niño responde: «esperar una buena pesca», al preguntarle por qué lo dice, repite la primera parte de la frase «el progreso técnico permite a los barcos de pesca *esperar una buena pesca.*» No ha considerado la segunda parte de la frase.

Si en lugar de aclarar el error, damos la solución correcta o pasamos a otro alumno hasta dar con ella, el procedimiento que originó el error se va a mantener y continuará provocando equivocaciones en adelante. Analizar la causa del error quizás sea más lento, pero es una actividad muy valiosa en el aula, para aprender de él.

4º. Recapitulación

Al finalizar la lectura, conviene recapitular, es decir, elaborar una representación global del texto como resultado de lo leído y de lo que se ha comprendido.

En textos largos, la recapitulación forma parte de la misma lectura, como hemos indicado. En lecturas que se fragmentan en varias sesiones, la recapitulación de lo anterior es fundamental al inicio como activación de conocimientos previos.

Cuando, después de leer, pedimos a los alumnos que reconstruyan lo leído —por ejemplo, un cuento—, esta actividad puede ser una evaluación de lo que se ha comprendido, de la memoria de cada cual, etc. Pero, más allá, puede ser una magnífica tarea de construcción de un texto con las características de lo escrito. El niño que conoce bien el cuento incorpora al, reconstruirlo oralmente, muchas de las características propias de lo escrito: las fórmulas tradicionales (había una vez; colorín colorado...), las expresiones literarias llamativas, la secuencia completa, el argumento, los detalles, etc.

De forma que ésta es, también, una buena actividad de construcción de textos, que les enseña a redactar y a escribir, además de aprender a comprender lo leído.

Recapitular al término de la lectura es una actividad frecuente en la escuela y que no requiere mayor explicación. Tan sólo insistiremos en algunos aspectos:

- La recapitulación debe ser elaborada por los propios alumnos, no por el profesor. Los elementos que van apareciendo deben ser discutidos y revisados por los propios alumnos, en un proceso de debate compartido.
- El profesor guía la recapitulación mediante preguntas: las mismas que se incluyeron en la guía de lectura u otras nuevas que se han ido planteando.
- También es importante que el profesor escriba en la pizarra, ante los niños, lo que se va acordando como recapitulación de lo leído.

  Si siempre es importante la recapitulación, es imprescindible para posteriores tareas de ampliación de la lectura: re-escribir el texto, comentarlo, resumirlo, etc. En estos casos, la recapitulación sirve como pre-texto de la actividad posterior.

5º. Ampliación de la lectura

En la vida real, nos basta con leer, la mayor parte de las veces (a menos que debamos preparar un examen o ejecutar una tarea siguiendo las instrucciones). Leer el periódico, una obra literaria, un libro, una revista, etc. se justifican por sí mismos, sin necesidad de trabajos posteriores.

En la escuela, casi siempre, una lectura da pie a trabajos posteriores. Eso es a menudo una distorsión importante. El mejor modo de aburrir un texto precioso es obligar a los alumnos a hacer «un trabajo» sobre él. Debemos cuidar mucho el trabajo posterior a la lectura para evitar este efecto pernicioso.

Evaluación de la comprensión lectora

Ya hemos advertido en contra de las preguntas usuales que en los libros de texto se hacen, supuestamente, para evaluar «la comprensión». A menudo, simplemente, evalúan la memoria, la habilidad de localización y copia, etc.

Algunos criterios para orientar la actividad de evaluación de la comprensión del texto:

1. La evaluación debe referirse a los objetivos y a la finalidad de la lectura, previamente acordados. Es decir, debe corresponder a las preguntas de la guía de lectura.

2. Es preferible formular preguntas que estimulen la reflexión y el aprendizaje de procedimientos útiles para mejorar la comprensión. Por ejemplo:

   - Procedimientos de deducir el significado de la palabra por el contexto, antes que acudir al diccionario. Seleccionar, de entre las palabras desconocidas, aquellas que son realmente importantes para la comprensión global del texto.

   - Hacer inferencias. Es decir, deducir informaciones no explícitas en el texto, a partir de los elementos que aporta. (A partir de la descripción de la ropa, deducir la estación del año, la época aproximada, etc.) ¿Por qué el protagonista hizo...?

   - Identificar los elementos más importantes del texto, ideas principales, hechos relevantes...

   - Proponer títulos para un texto es una buena forma de asegurar que se ha comprendido la idea principal.

   - Elegir el mejor resumen entre varios es una actividad asimismo interesante para la evaluación de la comprensión... y enseña a resumir.

Otras actividades de ampliación se comentan en la propuesta de actividades (resumen, reconstrucción del texto, etc.).

TIPOS DE ACTIVIDADES

Lectura por parte del profesor

Ya ha sido comentada esta actividad en relación al módulo «Relaciones entre lenguaje oral y lenguaje escrito».

Además de estos contenidos, la lectura por parte del profesor aporta un modelo para el alumno acerca del cómo se lee, especialmente si el profesor explicita lo que va pensando y ocurriendo en su interior, antes, durante y después de la lectura.

Lectura en voz alta o silenciosa

Leer es una actividad personal, en la que se inter-relaciona el pensamiento con el texto. Las estrategias y procedimientos de la lectura comprensiva requieren la lectura silenciosa, interna. Sólo así podemos concentrarnos en las tareas de comprensión del texto.

Es cierto que en la lectura silenciosa, el profesor no controla el proceso que realiza el niño, más que a través de sus resultados: la comprensión alcanzada. Pero ¡esto es lo más importante!

En la lectura en voz alta —tan frecuente en nuestras escuelas— el acento se pone en aspectos secundarios de la lectura: la dicción, la rapidez, el volumen de la voz, los errores de descifrado, etc. En cambio, al leer en voz alta, especialmente en alumnos pequeños y poco expertos, la comprensión de lo que se lee disminuye visiblemente.

La lectura en voz alta tiene sentido cuando es lectura *para* alguien: el profesor que lee a sus alumnos; el que recita un poema, un alumno que lee a los demás el texto que ha producido.

No parece tener sentido, en cambio, que un alumno lea a su aire lo que todos pueden leer a la vez en su libro, cada cual a su ritmo. La lectura colectiva —todos a la vez— no parece tener sentido alguno, excepto si se trata de cantar en coro.

Sin embargo, hay ocasiones en que es necesario hacer leer a los niños en voz alta: cuando cometen errores de interpretación o manifiestan incomprensión de un texto, es preciso hacerles leer en voz alta para descubrir dónde está el error y por qué se produce, para analizarlo y sugerir pistas de resolución. O también, ocasionalmente, para evaluar la habilidad del alumno en aspectos de descodificación, rapidez lectora, entonación, dicción, etc.

Lectura de textos con lagunas, incompletos...

A pesar de que en la realidad social casi nunca encontramos textos incompletos (si no es como juego), esta actividad se justifica en la escuela por su valor para e aprendizaje de estrategias de anticipación y generar hábitos de lectura interactiva en los alumnos.

Las lagunas deben afectar a partes significativas y que puedan deducirse por el contexto de lo leído previamente. Lo podemos hacer, en lectura individual de cada niño, tapándole algunas palabras e invitándole a adivinarlas. A continuación comprobará si acertó y, en caso contrario, habrá que ver si lo escrito tiene el mismo significado anticipado por el niño. En caso de error, habrá que aclarar qué fue lo que indujo al error y rehacer el análisis de lo leído anteriormente para comprender la palabra inesperada.

Al alumno poco experto, con dificultades en la descodificación a nivel de palabra, el sentido del leer lo da el profesor o adulto que lee un texto, interrumpiéndose de vez en cuando, para permitir que el niño lea una palabra determinada, asequible, que se incorpora al texto general, compartiendo ambos el significado. En esta situación, el alumno no podría alcanzar el significado de un texto completo, lo que justifica la ayuda del profesor.

Más adelante, en la escolaridad, la lectura de textos con palabras, frases, o fragmentos narrativos omitidos (sin el final, por ejemplo, sin una secuencia imprescindible, etc.) exige al alumno la actividad de usar el contexto inmediato para anticipar y formular hipótesis acerca de lo que falta: una tarea fundamental en cualquier lectura.

Esta actividad se facilita, si conviene, al permitirle escoger la palabra o frase adecuada entre varias posibles.

Reconstruir textos fragmentados y desordenados

Una actividad compleja de lectura (y escritura sin codificación) es la de reconstruir textos que se entregan al alumno desordenados.

Puede tratarse del título de un cuento, del texto de una canción conocida o del texto de una noticia conocida por los alumnos.

A menudo existen varias posibilidades de reconstruir un texto y no una sola, lo que estimula la diversidad de respuestas y su discusión colectiva. O se pueden apreciar errores que indican distintos grados de uso de los indicadores tipográficos, gramaticales, sintácticos o semánticos por parte de los alumnos, cuyo análisis permite aprender nuevas estrategias.

Las dificultades de una tarea de reconstrucción de textos varían enormemente. Por una parte, dependen de que el texto resultante sea más o menos conocido por los niños. Por otra parte, dependen de la forma de fragmentar el texto que hayamos utilizado. Una fragmentación por párrafos enteros resulta más fácil de reconstruir que si hemos aislado frases completas:

La tarea más difícil, sin duda, es la reconstrucción de frases a partir de palabras aisladas, a menos que la frase resultante esté completamente memorizada por los niños.

En todo caso son actividades, muy útiles didácticamente, cuya realización exige una correcta comprensión del texto.

Relacionar o clasificar textos distintos

Podemos relacionar nombres de animales, objetos o personajes, con su descripción; definiciones de palabras, con la palabra adecuada; pequeñas noticias con su titular o en secciones del periódico; textos de anuncios con el logotipo; enunciados de problemas con su resolución aritmética; listas de animales u objetos estudiados, con los conjuntos semánticos que interesa categorizar (por ejemplo: aves, reptiles, insectos, mamíferos...).

Son actividades de lectura, que exigen comprensión cabal y que están justificadas, además, por la necesidad de aprender contenidos escolares: definiciones, clasificación, etc.

Resumen e identificación de la idea principal

Es una tarea fundamental de comprensión y ampliación de la actividad de lectura, en cualquier texto, pero, específicamente, es imprescindible en el trabajo con textos expositivos.

La complejidad de la tarea de resumen es muy grande, aunque depende de la complejidad del texto en cuestión. De hecho, existe una abundante bibliografía dedicada a este tema.

Incluye distintas tareas: valoración de los títulos y subtítulos, delimitación del tema, subrayado, realización de esquemas, cuadros sinópticos, guiones, mapas semánticos...

Puede dar lugar a discutir las ideas principales. Sobre eso los niños tienen ideas muy particulares. Consideran fácilmente que la idea principal es una cifra o palabra difícil. O la anécdota que ejemplifica la idea. O la primera línea de un párrafo, sea cual sea, etc. El debate acerca de los criterios infantiles de identificación de la idea principal posee un alto valor como estrategia de aprendizaje.

Un buen procedimiento para identificar las ideas principales o poder hacer un buen resumen, es el de formular preguntas que puedan ser contestadas a partir del texto. Puede hacerlo el profesor (más fácil), o pueden hacérselas ellos mismos (mayor valor cognitivo). De paso aprenderán a contestar bien en los exámenes, a diferenciar entre un ¿por qué? y un ¿para qué?, entre un ¿cómo? y un ¿cuándo?

Puede elaborarse un resumen, o un guión, o un mapa semántico, o un cuadro sinóptico... Por supuesto, el profesor cargará con la tarea fundamental, pero eso ayuda a los niños a aprender, ver modelos, descubrir de qué forma les resulta más fácil recordarlo, etc. Y a partir de ahí, pueden reconstruir el texto.

Actividades de biblioteca y afición a la lectura

Tampoco aquí podemos extendernos en la descripción de las múltiples actividades de este orden que pueden hacerse en la escuela, para las que hay, además, abundantes experiencias y publicaciones.

Únicamente interesa subrayar su gran importancia desde muy pequeños. Además del uso regular de la biblioteca de la escuela, del barrio, etc. cada clase debe disponer de una biblioteca de aula, cuidada, seleccionada, abundante y valorada. Los niños de la clase pueden aportar libros de su casa, o recomendados por los profesores, en fiestas como los Reyes, el Día del Libro, etc. Los libros deben ser usados en las actividades de clase. Desde el primer día de escuela, los niños deben tener posibilidades para mirar, leer, comentar y discutir libros de todo tipo.

En este sentido, conviene recordar que cuanto menores sean los estímulos que el ambiente familiar proporciona a la lectura de los niños, mayor debe ser el esfuerzo de la escuela por compensarlo y aportar la mayor cantidad posible de ocasiones de *disfrutar* con la lectura.

La «obligación» de mirar o leer —diaria o semanalmente— un libro por lo menos no debe olvidar que el objetivo es pasarlo bien y aprender a amarlos. La tarea de comprobación de que, efectivamente, han sido leídos debe ser ligera, sencilla y agradable, evitando situaciones de cansancio o aburrimiento.

En cuanto a los intereses de los niños hacia libros truculentos o de baja calidad, conviene recordar que únicamente el contacto positivo con literatura de calidad vencerá a la literatura-basura. Y jamás debemos limitar por arriba el nivel y calidad de los libros al alcance de los niños. Nada impide la presencia en las aulas de 3 a 8 años, de autores clásicos, de encuadernaciones de calidad, de buenos ilustradores, etc.

Actividades de archivo y clasificación de textos

En la escuela hay muchas actividades de archivo que son muy útiles para aprender el abecedario, procedimientos de localización, registro, identificación, clasificación de palabras, etc. Y distintos criterios de clasificación: por el nombre del autor, por el tema o materia, por la fecha, por la colección...

Por ejemplo: organizar las carpetas en que guardan los trabajos escolares, preparar los álbumes de trabajos escolares a fin de trimestre, organizar dossiers temáticos, archivar libros en la biblioteca, ordenar revistas, periódicos, folletos, catálogos, postales, cartas recibidas.

ASPECTOS PARA OBSERVAR EN CADA TIPO DE ACTIVIDAD

▶ *Lectura por parte del profesor*

Comprensión global del texto leído.

Recuerdo del argumento, tema central del texto leído, etc.

Atención constante a lo largo de la lectura.

▶ *Lectura en voz alta o silenciosa*

Niveles de interpretación o lectura de textos.

Habilidades de lectura (velocidad, entonación...).

Comprensión del texto.

Identificación de errores, dudas y dificultades.

Ajuste a las condiciones de lectura compartida.

▶ *Lectura de textos con lagunas, incompletos...*

Niveles de interpretación/lectura de textos.

Estrategias de anticipación del contenido.

Verificación de las decisiones tomadas.

Uso de recursos para la resolución eficaz de las dudas.

Justificación de las decisiones.

Comprensión global del texto.

▶ *Reconstrucción de textos fragmentados y desordenados*

Coherencia sintáctica y semántica entre distintos fragmentos del texto.

Tipo de indicadores que guían el proceso de reorganización del texto.

Estrategias de anticipación del significado del texto a partir de los fragmentos leídos.

Recursos para una corrección (reformulación) eficaz de las hipótesis erróneas.

▶ *Relacionar o clasificar textos distintos*

Niveles de interpretación o lectura de textos.

Criterios que rigen las decisiones tomadas.

Identificación de las informaciones de los textos que justifican la inter-relación.

▶ *Resumen e identificación de la idea principal*

Uso de indicadores tipográficos que destacan ideas.

Valoración de títulos y subtítulos...

Criterios personales de atribución de importancia.

Selección de los fragmentos del texto con mayor significación.

Procedimientos de resumen: articulación entre las diversas ideas destacadas.

▶ *Actividades de biblioteca y afición a la lectura*

Criterios personales que se usan en la selección de textos para leer.

Recursos para la búsqueda de información sobre temas estudiados.

Registro de los textos escogidos, reseñas, fichas de lectura, etc.

▶ *Actividades de archivo y clasificación de textos*

Ajuste a los criterios acordados para la clasificación y archivo de textos.

MUESTRA DE ACTIVIDADES

Reconstrucción de un refrán fragmentado en palabras (4 años). *(Se refiere a la costumbre de ir a merendar el Jueves Lardero, anterior a Cuaresma)*

Reconstruir un cuento a partir de frases desordenadas (6 años)

EL LLEO I EL RATOLI

-Si us plau, senyor lleó! Deixeu-me anar.

Un ratolí petit petitó vivia en un cau tot fosc.

Si mai em necessiteu, crideu-me.

El lleó aixecà la pota i atrapà el ratolí amb les seves urpes!

—Moltes gràcies, ratolinet!

El ratolí trobà el pobre lleó a dins d'una xarxa molt gruixuda.

—Corre, senyor lleó, prova ara de sortir

I aquella nit van fer-se dos amics, el lleó i el ratolí.

El ratolí rose ga totes les cordes.

TRADUCCIÓN DE LAS FRASES EN EL ORDEN EN QUE SON PRESENTADAS

EL LEÓN Y EL RATÓN ¡Por favor, señor León! / Déjeme escapar / un ratón pequeño, pequeñito, vivía en un nido muy oscuro / Si alguna vez me necesitáis, llamadme / El león levantó la pata y atrapó al ratón con sus garras / Muchas gracias, ratoncillo / El ratón encontró al pobre león en una red muy gruesa / Corre, señor león, intenta salir ahora / Y aquella noche se hicieron amigos el león y el ratón / El ratón roe todas las cuerdas.

Relacionar títulos de películas con la explicación de su argumento (7 años)

Ellas dan el golpe.

La bella y la bestia.

Ciudadano Bob Roberts.

Solo en casa 2: Perdido en Nueva York.

Freddie, agent 07.

Els McCallister es preparen per anar de vacances a Florida. En arribar a l'areroport, el petit Kevin es despista i agafa un avió cap a Nova York. Allà tornarà a trobar els dos lladres que l'any anterior van entrar a casda seva.

El 1943, el beisbol va estar a punt de desaparèixer dels Estats Units, ja que els seus millors jugadors van haver d'allistar-se a l'exèrcit. Però un grup de dones del Mig Oest van decidir crear la lliga professional femenina de beisbol.

L'agent Freddie és una granota que lluita contra els impulsors d'un complot per destruir els edificis més famosos de la Gran Bretanya. H:

Aquesta història transcorre en un poblet francès a finals del segle XVIII, i té com a protagonistes una noia que aconsegueix evadir-se de la vida provinciana i familiar llegint molts llibres, Belle, i una estranya bèstia que viu en un castell d'objectes animats.

L'any 1990, un cantant folk es presenta com a candidat al Senat dels Estats Units. En la seva gira per l'Estat de Pennsylvània, Bob Roberts advoca per la recuperació dels valors destruïts per la tolerància i la ingenuïtat política dels anys 60.

Correspondencia de las viñetas de un cómic con sus diálogos (7 años)

SITUACIÓN

Diálogo entre la pareja de niñas que realiza la actividad a partir del error de una de ellas:

Mireia ha colocado el diálogo «PORTARÉ TANTA LLENYA QUE PODREM COURE UN BOU SENCER» (Traeré tanta leña que podremos asar un buey entero) tal como refleja la ilustración. María, su compañera, dice:

— No, no es así. ¡Lee, lee lo que dice! Pone: «traeré, traeré» y no dice «ya lo he traído». ¿Ves? éste le dice que le traiga mucha leña y el otro le contesta «*Traeré* tanta leña como pueda».

[Observad cómo la pareja corrige un error de lectura motivado por una deficiente consideración de aspectos morfosintácticos —tiempo verbal— que inciden en el significado del texto]

CAPÍTULO 17

Los textos como unidad básica del lenguaje escrito

CONTENIDOS CURRICULARES

Conceptos

TEX: LOS TEXTOS COMO UNIDAD BÁSICA DEL LENGUAJE ESCRITO

1. El texto como unidad básica del lenguaje escrito tal como se usa en la sociedad. Diversidad de textos escritos.

2. Tipologías textuales. Uso del criterio de intencionalidad de la lectura y la escritura, como organizador de la tipología de textos.

3. Estructura, características y rasgos diferenciales de los tipos de texto más usuales en la sociedad y en el trabajo escolar:

    3.1. Finalidad e intencionalidad (Manejo de datos, información, placer, estudio, hacer).

    3.2. Función específica de cada texto.

    3.3. Modelos del texto que existen en la realidad social.

    3.4. Contenidos específicos de cada texto.

    3.5. Formato y soporte material propios del texto.

    3.6 . Gramática del texto (morfosintaxis, léxico, macroestructura...

Procedimientos

TEX: PROCEDIMIENTOS ESPECÍFICOS PROPIOS DEL TIPO DE TEXTO

1. Procedimientos específicos de escritura según la finalidad y características del texto:
   1.1. Textos enumerativos
   1.2. Textos informativos
   1.3. Textos literarios
   1.4. Textos expositivos
   1.5. Textos prescriptivos
2. Procedimientos específicos de lectura con relación al tipo de texto y a la intencionalidad de la lectura.
   2.1. De localización y manejo de datos en textos enumerativos.
   2.2. De identificación del tema y rasgos sobresalientes de lo escrito en textos de información general.
   2.3. De sensibilización estética y entretenimiento en los textos literarios.
   2.4. De aprendizaje y estudio de textos expositivos: Tema, idea principal, resumen del texto, relación entre las partes del texto (esquema), vocabulario específico, etc.
   2.5. De realización de tareas sencillas, según las instrucciones de un texto prescriptivo.

Actitudes

TEX: ACTITUDES EN RELACIÓN CON LOS TEXTOS

1. Valoración de la lengua escrita como medio de comunicación adaptable a distintas finalidades y situaciones.
2. Respeto y atención a la diversidad de textos y su adecuación al propósito de lectura y escritura, a la situación y contexto y otras condiciones de la lectura y la escritura.
3. Precisión en la localización y transmisión de datos en textos enumerativos.
4. Valoración de la claridad, brevedad y amenidad de los textos informativos.
5. Valoración de la sensibilidad estética y humana en textos literarios.
6. Actitud positiva y hábitos de atención, estudio y reflexión en textos expositivos.
7. Valoración de la claridad, detalle y precisión de las instrucciones en textos prescriptivos.

DESARROLLO DE LOS CONTENIDOS

Los textos, un «contenido transversal»

La comunicación a través del lenguaje escrito sólo se da en textos. Por esta razón, todas las características del lenguaje escrito —las que figuran en los módulos de nuestra propuesta de contenidos curriculares y otras imaginables— pueden aprenderse a partir de textos.

Si un texto es la unidad de lenguaje escrito con significado y sentido propios, sólo a través de ellos, el aprendizaje del lenguaje escrito adquiere significación y sentido.

Cada texto posee unas características propias, que constituyen contenidos específicos del saber (conceptos), el saber hacer (procedimientos, escribirlos y leerlos) y el saber ser (actitudes) en relación con ellos. Esto justifica la inclusión de un módulo de contenidos dedicado a los tipos de texto.

Sin embargo, no podemos definir actividades específicas para aprender las características de los textos, distintas a los demás bloques de contenidos. En realidad, todo el trabajo escolar, en lenguaje escrito, se hace a partir del estudio de textos. Al escribir y leer textos, aprendemos a escribir y a leer, aprendemos lenguaje escrito y aprendemos, además, las características y condiciones de cada tipo de texto.

Por eso se trata de un «contenido transversal», que recorre todos los otros contenidos, y organiza toda la actividad escolar en lenguaje escrito.

Nuestra propuesta de tipología textual

Muchos autores han propuesto distintas tipologías textuales, una forma de clasificar las múltiples variedades de textos existentes en nuestra cultura. En libros elaborados desde o para la escuela, se tiende a desarrollar más los modos específicos de la escritura literaria: se habla de descripción, narración, poesía, teatro, etc. Pero descripciones y narraciones, por ejemplo, pueden darse en textos literarios y en otras muchas variedades (textos expositivos, informativos, etc.).

Otras propuestas se refieren no tanto a tipos de textos como a géneros literarios o usos más concretos: noticias, correspondencia, anuncios, carteles, cuentos, cómics, poesía, adivinanzas, etc. Resultan listas muy extensas que ayudan poco a organizar el trabajo escolar, en nuestra opinión.

La bibliografía reciente sobre didáctica del lenguaje desde una perspectiva comunicativa tiende, mayoritariamente, a recoger la propuesta de J. M. Adam (1985), que establece ocho tipos de textos: descriptivo, narrativo, explicativo, argumentativo, instructivo, predictivo, conversacional y retórico. Este autor utiliza, primordialmente, el criterio de la función del lenguaje, como eje de su clasificación, además de las características lingüísticas. Así, puede suceder que en un cuento, pueda haber fragmentos descriptivos, narrativos, conversacionales, retóricos, argumentativos, etc. Esta superposición nos parece que complica innecesariamente las cosas.

La primera cuestión que nos planteamos, en relación con la tipología de textos, era el de establecer con claridad las diferencias entre los procedimientos a usar para escribir o leer un texto u otro. Nos parecía claro que escribir o leer un cuento requiere unas estrategias distintas que si queremos escribir o leer un periódico, o un libro de texto. Primero lo vimos claro respecto a la lectura, luego nos pareció también útil en la escritura.

Nos pareció que el criterio que debíamos utilizar debía referirse a un aspecto fundamental del lenguaje escrito: su carácter instrumental al servicio de una finalidad comunicativa. ¿Para qué escribimos y leemos? ¿Cuáles de las posibles respuestas incorporan estrategias específicas y diferenciadas, que faciliten y sistematicen la enseñanza escolar?

Especialmente al leer, las estrategias que utilizamos no dependen tanto del texto como de nuestra intención al leerlo. Podemos «estudiar» una noticia, un cuento o un anuncio (releyendo, subrayando, buscando matices, estableciendo relaciones entre las distintas partes, etc.) o podemos «ojear» un libro de ciencias naturales al modo en que damos un vistazo al periódico: para saber de qué va, si vale la pena leerlo con calma o no, si nos atrae lo suficiente como para comprarlo, etc.

Por tanto, *la intención* del autor y del escritor, nos parece muy determinante para organizar el conjunto de textos posibles.

Pero, además, queríamos subrayar dos ideas más. Una, era la de la necesidad de enseñar y aprender a escribir y a leer, *todo tipo de textos* y no sólo los literarios. Queríamos dejar bien claro que en la escuela hay que trabajar no sólo con la literatura (tal como han venido haciendo la mayoría de textos escolares de Lenguaje), sino también con el periódico, las revistas, folletos, libros de estudio, carteles, etc. Adam recoge también este criterio: por ejemplo, los textos que él llama descriptivos los refiere no a la descripción de un paisaje en una novela, sino a inventarios, guías, diccionarios, catálogos, etc. Su texto instructivo se refiere a recetas de cocina, libros de instrucciones, contratos, etc. Pero los términos «descriptivo» o «instructivo» pueden inducir a errores de interpretación. Hemos preferido utilizar otros términos que nos han parecido más precisos.

Por último, queríamos disponer de una clasificación que identificara los principales modelos de textos *que existen en la sociedad*, sin tener que recurrir a listas larguísimas de distintos géneros o modelos.

De modo que, al final, hemos decidido proponer un criterio concreto:

ESCRIBIMOS Y LEEMOS PARA...	TIPO DE TEXTO
Recordar, registrar, localizar, manejar, ordenar... datos concretos, informaciones puntuales.	TEXTOS ENUMERATIVOS
Informar e informarnos de temas generales, acontecimientos, sucesos...	TEXTOS INFORMATIVOS
Disfrutar, expresarnos personalmente, pasar un buen rato, desarrollar la sensibilidad artística...	TEXTOS LITERARIOS
Estudiar, aprender, enseñar, demostrar, comunicar conocimientos, discutir ideas...	TEXTOS EXPOSITIVOS
Para enseñar y aprender a hacer cosas, comunicar instrucciones, regular el comportamiento...	TEXTOS PRESCRIPTIVOS

Es tan sólo una propuesta. Hay otras muchas. Ésta, sin embargo, parece tener algunas ventajas: utiliza un criterio claro; incluye todo tipo de textos sociales y no sólo literarios; resulta breve y asequible; facilita el trabajo escolar...

De todos modos, no deja de ofrecer algunas dificultades. Por ejemplo, una carta personal puede encajar en textos informativos, literarios o expositivos, según el tono, los párrafos, etc. Un diccionario o enciclopedia puede ser un texto enumerativo (localizar un dato, fecha, etc.) o expositivo (definiciones, biografías, etc.).

Pero lo importante es que *según sea la finalidad*, utilizaremos *estrategias distintas* de lectura y de escritura. Un mismo libro (una enciclopedia, por seguir el ejemplo) será consultado con procedimientos distintos según queramos averiguar un dato o enterarnos de algo más extenso.

Características de cada tipo de texto

Cada tipo de texto tiene unas características diferentes, que delimitan los procedimientos de escritura que le son propios: la *función*, los *modelos* sociales que incluye, el *contenido*, el *formato*, las *características gramaticales*. Y, además, unos *procedimientos específicos de lectura* para cada uno.

Estas características son contenidos de aprendizaje escolar. Un aprendizaje no lineal, sumativo, sino de construcción progresiva, a lo largo de toda la escolaridad; de toda la vida, casi. Incluyen conocimientos, procedimientos y actitudes específicas.

El profesor debe conocer estas características y comunicarlas y enseñarlas a sus alumnos. No como una «lección» que se explica un día y luego se deja, sino a través del contacto cotidiano con los textos, su lectura, su escritura, la reflexión sobre sus características, etc.

Exponemos, a continuación, en cuadros, las principales características de algunos tipos de texto. No pretenden agotar el tema, en absoluto. Cada profesor y escuela, al trabajarlos, al observar y analizar las dificultades con que tropiezan sus alumnos, etc. irá enriqueciendo su conocimiento acerca de cada tipo de texto y ampliando el abanico de textos posibles para trabajar en clase.

Características de los textos enumerativos

▶ ***Función***

- Localizar informaciones concretas
- Recordar datos
- Etiquetar, clasificar...
- Comunicar resultados
- Anunciar acontecimientos
- Ordenar, archivar... informaciones

▶ ***Modelos***

- Listas (de la compra, de juguetes...)
- Etiquetas
- Horarios (cine, TV, transportes, actividades escolares...)
- Guías (telefónicas, urbanas...) y agendas personales
- Formularios, impresos oficiales...
- Carteles, pasquines, folletos...
- Índices (libros, revistas, atlas...)
- Enciclopedias, diccionarios, atlas...
- Catálogos (comerciales, de exposición...)
- Menús (escolares, de restaurantes, etc.)

▶ ***Contenido***

- Nombres o títulos
- Cifras

▶ ***Formato***

- Disposición vertical, o en cuadros, o tablas (doble entrada o más)
- Uso de guiones, asteriscos
- Escritura en columnas

- Pueden constituir textos específicos o estar incorporados en textos más amplios (el índice de un libro, por ejemplo, o un cuadro de ilustración)

▶ *Gramática*

- Construcciones sintácticas centradas en el nombre o en frases que actúan a modo de sustantivos.
- Estructura repetitiva
- Léxico específico del tema, en campos semánticos definidos

▶ *Procedimientos de lectura*

- De aproximación progresiva y localización
- Uso de criterios de ordenación (alfabético, numérico, temático...)
- Uso de listas, tablas de doble entrada, horarios, índices, etc.

Características de los textos informativos

▶ *Función*

- Conocer, o transmitir, explicaciones e informaciones de carácter general
- Su objetivo es el de comprender, o comunicar, las características principales del tema, sin mayor profundización.

▶ *Modelos*

- Diarios y revistas
- Libros de divulgación, folletos
- Noticias
- Artículos y reportajes
- Anuncios y propaganda
- Avisos, anuncios públicos
- Correspondencia personal o comercial
- Invitaciones
- Entrevistas

▶ *Contenido*

- Muy diverso, en función del tema (noticias, anuncios, cartas, etc.)

▶ *Formato*

- Texto en prosa, con características específicas de cada modelo (ver cuadros adjuntos)

▶ *Gramática*

- Características morfológicas y sintácticas variables en función del modelo

▶ *Procedimientos de lectura*

- Uso de índices de aproximación al contenido (titulares, fotos, imágenes, tipografía, secciones del periódico...)
- Identificación del tema de la información
- Identificación de la idea principal
- Identificación de los detalles principales

Características de los textos literarios

▶ *Función*

- Inducir en el lector sentimientos y emociones especiales.
- Entretenimiento y diversión
- Comunicar fantasías o hechos extraordinarios
- Recuerdo de acontecimientos y emociones vividas por el grupo o por uno mismo
- Transmitir valores culturales, sociales y morales.

▶ *Modelos*

- Cuentos, narraciones, leyendas...
- Poesía, refranes, canciones, adivinanzas...
- Teatro, títeres...
- Cómics y tebeos

▶ *Contenido*

- Fórmulas establecidas de principio y fin (Había una vez... Colorín, colorado...)
- Descripción de personajes y situaciones, ambientes...
- Narración de hechos vividos o fantásticos
- Comunicación de sentimientos y emociones

▶ *Formato*

- Composición de texto e imagen en forma de libro, con portada...
- Valor de la puntuación, para diferenciar la narración del diálogo, por ejemplo
- Poesía: organización en versos, estrofas. Caligramas...

- Posible utilización con otros recursos expresivos: teatro, música, danza, audiovisuales...

▶ ***Gramática***

- Cuentos y narraciones: formas sintácticas en 3.ª persona. Verbos en pasado. Formas de discurso directo en 1.ª persona: diálogos. Figuras literarias...
- Poesía: frecuente alteración de las estructuras sintácticas habituales. Efectos de rima, estilo, figuras...

▶ ***Procedimientos de lectura***

- Lectura silenciosa y personal
- Importancia de la entonación en la lectura en voz alta, recitado, etc.
- Identificación del esquema narrativo: situación, nudo y desenlace.
- Identificación de recursos literarios especiales (estilo, figuras, léxico...)

Características de los textos expositivos

▶ ***Función***

- Comprender o transmitir nuevos conocimientos
- Estudio en profundidad

▶ ***Modelos***

- Libros de texto, escolares
- Libros de consulta, divulgación
- Artículos temáticos, informes...
- Biografías
- Preparación de exposiciones orales y conferencias
- Reseñas

▶ ***Contenido***

- Definiciones y enunciados
- Descripciones
- Explicación de procesos
- Resúmenes
- Argumentaciones
- Hipótesis y discusión de los resultados...
- Guiones, índices, esquemas, mapas semánticos...

▶ *Formato*

- Presencia de títulos, subtítulos, gráficos, esquemas y caracteres tipográficos (subrayado, negrilla, cursivas, etc.) de importancia para la comprensión del texto

▶ *Gramática*

- Uso de un vocabulario preciso y riguroso, que debe ser definido. Predominio de sustantivos
- Construcciones impersonales en 3.ª persona
- Gran importancia semántica de los nexos y partículas de relación (causa, consecuencia, modo, localizadores, cuantificadores, etc.)

▶ *Procedimientos de lectura*

- Uso del título y subtítulos como resumen del tema e idea principal
- Uso de recursos tipográficos para resaltar aspectos importantes (subrayado, numeración...)
- Identificación del tema y de la idea principal
- Uso de técnicas de resumen
- Reconstruir el guión a partir de las preguntas que se pueden responder con el texto
- Identificación de términos desconocidos o dudosos
- Identificación de nexos y partículas de relación.

Características de los textos prescriptivos

▶ *Función*

- Regular de forma precisa el comportamiento humano para la consecución de algún objetivo

▶ *Modelos*

- Instrucciones escolares
- Recetas de cocina
- Reglamentos, códigos, normas: de juego, de comportamiento...
- Instrucciones de manejo de materiales, aparatos, etc.
- Instrucciones para la realización de trabajos manuales...

▶ *Contenido*

- Explicación detallada de cómo hacer determinada tarea
- Presencia de gráficos y signos para ilustrar el contenido

▶ ***Formato***

- Texto en prosa, diferenciado gráficamente del resto del texto (p.e., de la enumeración de materiales necesarios)
- Uso de formas de ordenación y esquematización: numeración de los pasos a seguir, guiones, etc.

▶ ***Gramática***

- Frases cortas y precisas. Uso de léxico específico del tema, especialmente verbos de acción
- Uso de formas impersonales en presente o de 2.ª persona en modo imperativo
- Importancia de partículas temporales para ordenar la secuencia de acciones

▶ ***Procedimientos de lectura***

- Uso de imágenes, gráficos e ilustraciones como complemento de la información textual
- Identificación de las etapas del proceso temporal (qué es lo primero, lo siguiente...)
- Identificación y comprensión de los verbos de acción
- Procedimientos de consulta en el transcurso de la realización de la tarea

CAPÍTULO 18

Análisis y reflexión sobre la propia lengua

CONTENIDOS CURRICULARES

Conceptos

REFL ANÁLISIS Y REFLEXIÓN SOBRE LA PROPIA LENGUA

1. Necesidad de la forma como medio para lograr un mejor uso de la lengua.
2. Estructuras básicas de la lengua (a nivel del texto, de la oración y de la palabra) y su funcionamiento dentro del texto.
3. *Adecuación de los textos.* Variedad de las formas de expresión de un mensaje, con relación al contexto y a la situación de comunicación. Variaciones según la intención del autor, el destinatario, el tipo de texto y el contexto de comunicación. Niveles de uso del lenguaje.
4. *Coherencia del texto.* Estructura del texto y coherencia del contenido. Léxico: reglas de derivación, sinonimia, polisemia. Recursos literarios para matizar o enfatizar la expresividad del texto.
5. *Cohesión del texto.* Aspectos morfosintácticos. Concordancia, uso de los tiempos y modos verbales en relación con la situación comunicativa. Uso de localizadores, nexos, conectores, etc. para articular el contenido.
6. *Ortografía:* separación de palabras; correspondencias seguras sonido/letra e introducción de normas arbitrarias sencillas. Uso de mayúsculas y minúsculas. Introducción a las normas de puntuación.

7. Introducción a la *literatura*: aspectos estilísticos, figuras literarias y géneros en relación con los textos leídos en la escuela (cuentos, poemas, teatro, cómic...). Introducción a la obra de algunos autores escogidos.

Procedimientos

REFL: PROCEDIMIENTOS DE ANÁLISIS Y REFLEXIÓN SOBRE LA PROPIA LENGUA

1. Exploración de las estructuras básicas de la lengua (morfosintaxis, ortografía, léxico, etc.) a partir de situaciones de comprensión y producción de textos.
2. Observación de relaciones entre las estructuras morfosintácticas de los textos y el sentido e intencionalidad del mensaje.
3. Observación de regularidades sintácticas, morfológicas y ortográficas en las producciones verbales y escritas.
4. Formulación y comprobación de hipótesis sobre el funcionamiento de las estructuras básicas de la lengua en tareas de comprensión y producción de textos.
5. Formulación y comprobación de hipótesis acerca de las convenciones ortográficas.
6. Verbalización de las observaciones realizadas, identificando las normas sintácticas, morfológicas y ortográficas básicas.
7. Procedimientos de corrección de los textos escritos según criterios establecidos previamente. Identificación de dudas en la comprensión y producción de textos. Resolución de problemas usando fuentes de información accesibles al alumno.

Actitudes

REFL: ACTITUDES CON RELACIÓN AL ANÁLISIS Y REFLEXIÓN SOBRE LA PROPIA LENGUA

1. Aprecio por la calidad de los textos propios y ajenos (su adecuación, coherencia y corrección) como medio para asegurar una comunicación fluida y clara.
2. Aceptación y respeto por las normas básicas de la lengua.
3. Adoptar una posición crítica positiva respecto a la propia escritura, que conduzca al hábito de repasar y corregir lo escrito.
4. Actitud activa en la identificación de problemas gramaticales y en la búsqueda de recursos para solucionarlos.
5. Interés por la búsqueda de cauces comunicativos personales y creativos en el uso de la lengua.

DESARROLLO DE CONTENIDOS

Enseñar gramática, significativamente

Los pequeños hablan en prosa, pero no saben que es prosa lo que hablan. Los mayores saben que «había» se escribe con [h], [b] y acento en la [i]... pero lo escriben de mil y una formas distintas. Es la diferencia entre el hacer y el saber. Es la dificultad de la gramática.

Afortunadamente, entre tres y ocho años, los conocimientos gramaticales que «hay que enseñar» no agobian al profesor. A pesar de que los libros de texto de primer ciclo están repletos de actividades de aplicación de normas gramaticales.

¿Hay que enseñar gramática en la Educación Infantil o al inicio de la Educación Primaria? Por supuesto que sí, al modo en que los padres enseñan gramática, a la vez que palabras, a sus hijos que empiezan a hablar.

Pero no deberíamos olvidar que la gramática y la reflexión sobre el lenguaje están al servicio de la mejor comprensión y expresión de los niños. No es imprescindible saber los verbos, modos, tiempos y personas. Pero sí que es imprescindible usarlos correctamente.

¿Qué se debe enseñar de gramática entre tres y ocho años? Pues todo lo que hace falta para mejorar la comprensión y la expresión... de los textos que se trabajan... en el grado en que los niños puedan asimilarlo.

En el estudio de la gramática, hay algunas ideas fundamentales que deben tenerse en cuenta, tal como se desprende de los contenidos curriculares:

1.° Partimos del USO del lenguaje, sin separarlo de la reflexión gramatical (ni ésta de aquél).

2.° El USO del lenguaje escrito se refiere a la comprensión y producción de TEXTOS.

3.° La reflexión gramatical consiste en establecer relaciones entre las estructuras básicas de la lengua (morfosintaxis, ortografía, léxico...) y el sentido global del mensaje, es decir, la semántica del texto. Morfología, sintaxis, ortografía y léxico están al servicio de la claridad del contenido de un texto.

En realidad, cada profesor tiene en mente los aspectos básicos y primeros para enseñar: el vocabulario básico, las expresiones típicas, la concordancia en el texto, el uso de tiempos y formas verbales adecuados, la separación correcta de las palabras, las primeras normas ortográficas (mayúsculas, correspondencias seguras entre fonema y grafía, uso del punto y aparte...).

Pero estos contenidos se enseñan al hilo del trabajo de lenguaje: del escuchar, hablar, escribir y leer. Porque se trata de hacerlo lo mejor posible... lo más semejante posible al lenguaje convencional que los adultos usamos en nuestra cultura.

Los niños también tienen ideas acerca de la gramática

Además de darle sentido a la reflexión gramatical, vinculándola al análisis y comentario de los textos, conviene que sea significativa, en el sentido de considerar las ideas infantiles y ayudar a construir la gramática propia del lenguaje escrito.

En la práctica del aula, aparecen a menudo ideas sorprendentes en los niños. Por ejemplo, con relación al uso de las mayúsculas o minúsculas: no es raro, en Cataluña, que los niños piensen que las mayúsculas son «para el catalán» y las minúsculas «para el castellano», porque en la Educación Infantil trabajan siempre en catalán y con mayúsculas.

También poseen ideas propias respecto a la separación de palabras o, mejor dicho, acerca de qué es una palabra... o de cómo segmentarla.

Hay reglas que son evidentes para ellos: [que] se escribe «ce», [gue] es «ge», etc. Y, la verdad, no resulta demasiado razonable que les digamos que las cosas son de otro modo.

O sea, que se trata, también aquí, de discutir y reflexionar, de escuchar lo que nos dicen y enfrentarles a la realidad de los textos escritos que manejan, para comprobar o refutar sus teorías.

Y se trata de educarles en un espíritu autocrítico, de autoevaluación constante. Ya hemos insistido en que lo fundamental no es saber la norma, sino identificar cuándo se encuentran con una duda que puede resolverse acudiendo a la norma.

La gramática en los textos

Al abordar tareas de escritura y lectura de textos —ya sea el profesor o los propios alumnos— se trata de incorporar al comentario y a la preparación, junto a los aspectos de contenido y características del texto, los aspectos formales, gramaticales. Estos aspectos gramaticales, relacionados con el sentido del texto, se refieren a tres grandes campos: la *adecuación* a la situación comunicativa, la *coherencia* del contenido y la *cohesión* gramatical.

1.º La ADECUACIÓN se refiere a la concordancia entre el texto y la situación en que se produce. Se trata de considerar si el contenido y el formato son adecuados, o no, a la intención del autor; si el nivel de lenguaje usado —coloquial, estándar o culto— es adecuado al destinatario del texto; si el tipo de texto es el adecuado para comunicar lo que se pretende.

2.º La COHERENCIA o elementos semánticos que subrayan el sentido del texto y aclaran su contenido, con relación a la intención comunicativa:

- El vocabulario específico.
- La precisión del significado de las palabras: sinónimos, antónimos, polisemia, reglas de derivación, etc.
- La precisión del sentido global del texto y su ajuste a la intencionalidad y a la situación comunicativa.
- Los recursos expresivos que enfatizan el significado: figuras literarias, comparaciones, locuciones y expresiones típicas, imprecaciones, interjecciones, etc.
- La estructura del texto:
  - Coherencia de los elementos de las oraciones, en el texto.
  - Coherencia entre las secuencias del texto (párrafos, capítulos...)
  - La puntuación, que delimita las partes del texto: puntos, signos de admiración e interrogación, puntuación de los diálogos, etc.

3.º La COHESIÓN gramatical y su relación con el sentido global del discurso. Los aspectos morfosintácticos determinan la cohesión del texto y se refieren a:

- Las formas y variaciones de las palabras, según su sentido en el contexto (masculino/femenino, singular/plural, etc.)
- La concordancia de género, número, persona...
- Uso de los tiempos verbales y su adecuación a la situación comunicativa
- Los elementos que concretan las circunstancias del texto (localizadores espaciales, temporales, causales, consecutivos, etc.)
- Los elementos y formas de enlace (nexos, conectores...) que articulan las ideas en el texto.

Todos estos aspectos existen, integrados en los textos que se trabajan en el aula. No es preciso aislarlos como se hacía tradicionalmente: se aprenden al hilo del escribir y leer textos.

En ocasiones será la importancia misma de un elemento el que dará pie al comentario, por parte del profesor o de un alumno. En ocasiones será un error de lectura el que lleve a fijar la atención en ese aspecto concreto. Estas situaciones permiten experimentar con las variaciones en el texto. ¿Qué sucede si en lugar de... ponemos (hubiera) ...? ¿Cómo cambia el sentido del texto con estos cambios?

Pero, probablemente, el espacio privilegiado para reflexionar acerca de los aspectos gramaticales sea el de la preparación, supervisión y corrección posterior de la escritura. Es al escribir cuando aparecen las dificultades y, por tanto, se plantea la necesidad de aclarar aspectos gramaticales e insistir en ellos.

La elaboración del pre-texto —al que hemos venido dando una importancia central en nuestra propuesta— es la mejor ocasión para ordenar las ideas, organizar el texto, subrayar los aspectos o recursos semánticos, considerar los aspectos morfosintácticos del modelo en que nos basamos, etc.

En este mismo orden de reflexión, damos gran importancia a la tarea de re-escribir textos conocidos, por encima de la creación de textos libres. Al re-escribir, más incluso que al leer, el niño se fija en las características propias del texto de referencia y se las apropia: las figuras literarias, los recursos estilísticos, la estructura general y parcial del texto, etc.

Del mismo modo, al repasar y corregir —algo imprescindible— se advierten los errores cometidos. Muchos de ellos son problemas formales: el niño conoce la idea a transmitir, pero tiene dificultades al expresarla, al darle forma: para eso se necesita la gramática. Así se aprende la gramática en nuestra propuesta.

La ortografía se reflexiona

Aprender la ortografía convencional es una tarea que está en línea de continuidad con el aprendizaje de las leyes que rigen el sistema alfabético. No constituye algo distinto, ni mucho menos posterior, al aprendizaje del código: forma parte de ese aprendizaje. Tienen el mismo problema el niño que se pregunta cuál es la letra de [za-pato] que el niño que se pregunta si [vaca] se escribe con [b] o con [v].

¿Cómo se aprende la ortografía? Naturalmente, ¡reflexionando!

1.º En primer lugar, aprendiendo a observar las regularidades que se producen en la escritura de las palabras. Identificando la ortografía como norma convencional del sistema alfabético. Así es como se escribe en nuestra lengua. Esa observación se dará con mayor apoyo en los períodos iniciales y con mayor autonomía posteriormente.

2.º Usando los conocimientos previos acerca de la ortografía para anticipar y formular hipótesis acerca de la escritura de una palabra.

3.º Identificando el «problema» ortográfico que requiere reflexión para solucionarlo. Un paso al que damos extraordinaria importancia. Darse cuenta de lo que cada uno conoce con seguridad y de aquello en que está inseguro. Casi todos los adultos sabemos que hay unos cuantos casos en que tenemos dudas ortográficas: cuando tropezamos con una de estas situaciones de duda, nos paramos a pensar. Es fundamental transmitir a los niños ese auto-conocimiento.

4.º Analizando —colectiva o individualmente— las posibilidades y alternativas razonables para la resolución de un problema ortográfico. A la típica pregunta del niño: ¿Cómo se escribe....? debiéramos, casi siempre, responder: ¿De qué formas puedes escribirlo? y razonar a partir de ahí. La mayor parte de dudas se desvanecen al reconocer las alternativas.

5.º Poner en marcha estrategias y recursos para acceder a la norma o al modelo que permiten solucionar el problema. Puede ser un compañero, el profesor, el diccionario de clase, el texto que se usa como modelo, un mural con algunas normas ortográficas básicas, una colección de normas ortográficas en algún lugar de la clase, etc. Eso depende del nivel escolar, de los problemas que se plantean, etc. Pero los niños deben poder acudir a alguna fuente de información para resolver la duda.

¿Cuáles son los contenidos de ortografía en el período 3 a 8 años? Los que los niños puedan asimilar, como siempre. Pero vamos a aproximarnos un poco más:

- El reconocimiento y el uso de distintos criterios para establecer hipótesis ortográficas: criterios fonológicos, morfológicos, sintácticos y semánticos.
- La actitud de identificación de dudas, de reflexión y de búsqueda de posibles alternativas. La consulta de modelos y fuentes de información.
- La adquisición de las normas ortográficas más regulares:
  - Uso de las mayúsculas.
  - Separación de palabras.
  - Uso de algunos tiempos verbales (imperfectos...).
  - Algunos términos más usuales como nombres, apellidos, fecha, meses y estaciones, topónimos, fórmulas de cortesía, formulas tradicionales de inicio y final del cuento, etc.
  - Correspondencias fonográficas regulares, seguras: [r-], [-rr- entre vocales], [-r- entre vocales], [mb], [mp], etc.
  - Iniciarse en el uso de signos de puntuación.

LAS ACTIVIDADES DE CORRECCIÓN GRAMATICAL

No consideramos que deba haber actividades específicas de ortografía, distintas al resto de actividades del lenguaje escrito. Consideramos que la gramática, como las características de los textos, se enseñan y se aprenden en todas las actividades de lenguaje escrito. Muy especialmente al comentar las lecturas de los textos, al preparar el pre-texto, al escribir y al repasar. Es decir, casi siempre. Lo gramatical forma parte del contenido que se aprende con el uso del lenguaje.

En determinadas ocasiones, pueden darse actividades específicas de contenido gramatical. Por ejemplo, al proponer variaciones sobre un texto o parte significativa del mismo y analizar los resultados. O bien, al proponer actividades de sistematización de algún aspecto en el que han aparecido dudas. Pero tales actividades, deben ser excepcionales, porque, a menudo, resultan poco significativas y, por tanto, poco eficaces para resolver los problemas que se pretende enseñar. Pueden tener interés para conocer la norma, pero no basta con conocer la norma para aplicarla cuando se escribe.

La corrección forma parte de la tarea de enseñar en cualquier actividad de lenguaje. En este sentido, la revisión de lo que se habla, se lee y se escribe es constante y una parte del proceso de cualquier actividad desde el inicio de la escolaridad. Cada una de las actividades que proponemos incluye un momento de corrección gramatical. Al hablar, en clase, siempre aportamos:

a) Un modelo correcto de uso del lenguaje, en la expresión del profesor.

b) La corrección inmediata de errores, defectos e incorrecciones en el uso del lenguaje por parte de los alumnos.

Este tipo de corrección permanente se da al hablar, al memorizar o recitar textos escritos, al preparar lo que se va escribir (el pre-texto), al leer y en el comentario acerca de la lectura, al estudiar las relaciones entre lo verbal y lo no verbal.

Sin embargo, quizás convenga comentar algo más en relación con la revisión y corrección de la escritura de los niños. En los módulos de aprendizaje del sistema alfabético y de la escritura como producción de textos, hemos hecho ya referencias al proceso de corrección, insistiendo en la importancia de la corrección *antes* de la escritura —al preparar el texto que se va a escribir— y *durante* el proceso de escritura, aconsejando formas de organización del aula que permitan al profesor un seguimiento cercano de la actividad de los alumnos. Sin embargo, todo eso no impide que aparezcan errores después de que hayan escrito. ¿Cómo proceder?

Un enfoque comunicativo del lenguaje y una propuesta que pone el acento en la construcción de aprendizajes significativos, suponen cambios profundos en la forma de concebir y abordar las tareas de corrección de la lectura y de la escritura.

Recientemente, Daniel Cassany (1993) ha publicado un libro precioso sobre las tareas de corrección de la escritura. No nos resistimos a incluir aquí una adaptación de su propuesta en favor de una nueva forma de corregir:

- El énfasis se pone en el *proceso de escritura* y no en el producto. Se corrigen los borradores previos y no sólo la versión final. La corrección debe servir para aprender a escribir mejor.
- Se corrige al escritor. En la corrección debemos trabajar con los hábitos del alumno.
- Ponemos atención al *contenido* y a la *forma*. Primero se ayuda a construir el significado del texto y, luego, se mejora la expresión lingüística.
- El maestro colabora con el alumno a escribir su texto y no se limita a juzgar el texto acabado.
- La norma gramatical y el grado de corrección se ajustan, con flexibilidad, al estilo personal de cada alumno y a sus posibilidades de corrección.

Al corregir conviene valorar los aciertos

Estamos acostumbrados a corregir sólo los errores. El color rojo inunda los textos infantiles. ¿Por qué no cogemos, en primer lugar, un color verde? Corregir es evaluar, es emitir una opinión. Si un amigo o compañero del trabajo nos envía una carta o nos muestra algo que ha escrito, seguramente nos preocuparemos de decirle, en primer lugar, que nos ha gustado, que entendemos bien lo quiere transmitir, que agradecemos su esfuerzo, que nos ha alegrado, etc. y sólo después de los elogios le señalaremos los aspectos que creemos que pueden mejorar o aquello en lo que disentimos.

¿Por qué no respetamos esta norma social con nuestros alumnos? No es sólo un problema de cortesía —que nunca sobra— es también un elemento educativo importante: es más motivador, ayuda al alumno a adquirir seguridad en sus capacidades de aprendizaje, un autoconcepto que le ayuda a mejorar, una actitud de estímulo para avanzar, a sentir placer por el trabajo realizado. Y que le ayuda a recibir positivamente las sugerencias que le van a permitir corregir y mejorar su trabajo.

Prioridades en los criterios de corrección

Conviene recordar que *la corrección formal* de un texto, desde el punto de vista gramatical, *no es lo más importante del acto de escribir*. Lo más importante es que el texto consiga comunicar un mensaje claro y comprensible. Nos damos cuenta de que esta afirmación puede provocar crujidos, quejas, chirridos. Pero nosotros entendemos el lenguaje como instrumento al servicio de la comunicación. Cuando viajamos a un país extranjero, lo más importante es hacernos comprender y es secundario que nuestro uso de un idioma que desconocemos sea incorrecto. Un aprendiz de escritor se asemeja al aprendiz de un idioma desconocido: la falta de pericia en el uso de la escritura (o del idioma) excusa, de algún modo, las incorrecciones. La corrección formal es un elemento de calidad, que requiere un grado de dominio del instrumento y que es exigible sólo en determinadas condiciones.

Muchas investigaciones, sin embargo, han mostrado, en toda clase de países, que los profesores, al revisar escritos de sus alumnos, corrigen los aspectos formales con mayor asiduidad y sistematismo que los errores en el contenido o en la construcción del texto. Son hábitos muy arraigados, deformaciones profesionales que conviene revisar. Proponemos que los profesores procedamos al revés. Al corregir un texto de los alumnos debemos atender a la siguiente jerarquía de importancia:

1.º Adecuación a la situación comunicativa y a las características del tipo de texto: función, criterios específicos respecto al contenido del tipo de texto, respeto al formato propio del texto, adecuación al destinatario, etc.

2.º El contenido (coherencia del texto). ¿Está claro? ¿Está completo? ¿Está ordenado? ¿Ha conseguido comunicar lo que se pretendía?

3.º Corrección gramatical (cohesión del texto): Correcta estructuración de los párrafos y de las frases, uso adecuado de la puntuación, adecuación de los tiempos verbales, concordancia, etc.

4.º Corrección ortográfica.

5.º Presentación y edición: caligrafía, recursos tipográficos, márgenes, distribución de los espacios, limpieza, etc.

Es cierto que, a veces, las producciones de nuestros alumnos resultan ilegibles por completo. Habitualmente, el profesor, que conoce el contexto en que se ha producido la escritura, puede descifrar, por lo menos en parte, lo que el alumno ha escrito. Puede que el mismo alumno sea capaz de explicar lo que ha intentado escribir. Podemos partir de ahí, incluso escribiendo nosotros, al lado de su texto, una transcripción que ayude a interpretarlo.

Si no se dan las condiciones de legibilidad en absoluto, quiere decir que la tarea que hemos propuesto a este niño supera sus posibilidades. No podemos culparle a él por eso. En la próxima ocasión deberemos ocuparnos de que haga una tarea que esté a su alcance. Entretanto, quizás podamos valorar otros aspectos: la cantidad de escritura, el uso de diversas letras, la grafía de las letras, etc.

En cualquier caso, fijémonos bien, cada uno de los aspectos que hemos señalado para corregir requiere una revisión específica del texto. En un texto algo complejo, probablemente habrá que hacer por lo menos una revisión para cada aspecto: para asegurar la coherencia del contenido; para mejorar su adecuación a la situación y tipo de texto, para revisar la cohesión gramatical y para ultimar la presentación y edición. Es decir, muchos borradores del texto, previos al texto definitivo.

Un texto raramente sale bien a la primera. ¿No os ocurre a vosotros? No podemos caer en el error de creer que a un alumno de Educación Infantil o primer ciclo de Primaria le resulta más fácil escribir un texto breve que a nosotros escribir el acta de una reunión o una reclamación oficial. Aprender a hacer borradores, focalizando la atención, es un entrenamiento imprescindible. El alumno debe saber que la tarea de escribir no termina al primer intento, que su texto es, tan sólo, un borrador. Por tanto, la primera producción escrita que nos muestre puede tener faltas, tachaduras, flechas, estar en un trozo de papel arrugado o aprovechado, tener la apariencia de un apunte. Con eso basta para empezar.

Tan sólo en textos breves, memorizados, muy precisos, la primera escritura puede ser suficiente: palabras, títulos, dictados, copia, notas breves de uso inmediato, etc.

Pero se requerirán varios intentos en cualquier otra actividad de escritura: reescribir, redactar, resumir, completar textos o escribir textos originales: cartas, carteles, noticias, cuentos, poemas, textos expositivos, recetas, etc.

No hay que corregirlo todo. No hay que corregir siempre

Lo anterior nos lleva a plantear que no es posible corregirlo todo a la vez. Ni todo lo que escribe un alumno. Ni todo lo que escriben todos los alumnos. Si queremos corregirlo todo, lo más probable es que lo hagamos mal (sólo aspectos parciales o formales) y, además, que no le sirva al alumno de gran cosa. La corrección debe ser útil para el alumno, y su objetivo no es el de tranquilizar al profesor ni tampoco a los padres. Conviene explicarles eso a los padres, con toda claridad. Pueden entenderlo. Todos ellos recuerdan lo mal que les sentaba una página llena de borrones en rojo.

Tampoco es posible corregir siempre. Una idea muy extendida entre el profesorado es la necesidad de que el producto final aparezca siempre correctamente escrito, aunque sea por parte del profesor y sin que el alumno deba reflexionar por sí mismo. Se argumenta para justificar esta actitud de corrección completa y constante, que el niño no debe acostumbrarse a ver palabras mal escritas. Aquí hay una idea de los profesores que, a pesar de estar muy arraigada, no nos parece justificada. Esta idea surge de una concepción conductual de la escritura, en la que se pone el acento en los hábitos y en la percepción visual y reproducción motriz de las palabras. En nuestra propuesta, sin embargo, escribir es una tarea que, sobre todo, requiere reflexión, pensar, plantearse dudas, buscar recursos, tomar decisiones y resolver problemas. El peso de la memorización y de lo perceptivo-motriz nos parece de orden secundario. El recurso a la memoria sólo resulta útil en ocasiones y sólo para algunos niños. Debe tenerse en cuenta que la memoria es engañosa y frágil. La memoria auditiva puede inducir a error: probablemente la forma incorrecta la haya oído más veces que la correcta. La memoria visual resulta más frágil en los niños que en los adultos y, además, induce a errores perceptivos. Ver escrito «muger» nos resulta chocante y nos ofende, a los adultos expertos, pero a un niño, es probable que eso no le suceda en absoluto: el número de veces que ha visto escrita la palabra «mujer» es inmensamente menor que en el caso de un adulto lector.

No basta con que el alumno vea —si la mira— la corrección que ha efectuado el profesor en su escrito. Escribir, nosotros, la letra correcta o la palabra adecuada, no resulta útil más que en contadas ocasiones.

La importancia de corregir: aprender a escribir mejor

El interés de la corrección, y su necesidad, es el de aprender a mejorar. Y aprender significativamente. Por tanto, lo primero que hay que considerar son los conocimientos previos y la zona de desarrollo y aprendizaje.

Ante un niño que nos muestra lo que ha escrito, lo primero que el profesor debe considerar es lo que el niño es capaz de hacer por sí mismo y con la ayuda del profesor. Si lo que nos muestra no corresponde a lo que él puede hacer por su cuenta, no debemos aceptarlo. La idea que le queremos transmitir es que «tú puedes hacerlo mejor». Le invitaremos a revisar el aspecto en que nos parece que puede mejorar: completar el contenido del texto, incluir detalles o matices que están a su alcance, revisar frases incompletas o incorrectas, etc. Al invitarle a volver a escribir su texto, debemos precisar el aspecto concreto que conviene revisar.

No hay que darle la solución final. En general, conviene acotar el fragmento del texto a revisar e invitarle a que piense qué es lo que está mal. Por ejemplo, ante un problema ortográfico, señalaremos la palabra entera en lugar de la falta concreta: eso le obliga a identificar el problema y buscar las soluciones. Ante un problema de separación de palabras, le señalaremos el fragmento que conviene revisar, sin darle las particiones correctas. Ante un problema de concordancia, le señalaremos los términos discordantes. En una frase mal construida o incompleta, la señalaremos entera, y así sucesivamente.

Si el alumno no dispone de la posibilidad de corregir por sí mismo el error, le daremos la ayuda adecuada, es decir, la ayuda mínima necesaria. En ocasiones, bastará con que le leamos el fragmento incorrecto. Otras veces, convendrá ayudarle a identificar el problema («¿de qué otra forma se puede escribir este sonido?» ¿qué falta aquí?), otras veces, convendrá indicarle el camino para encontrar la solución («mira en este cartel»). En caso de que no pueda ser de otro modo, le daremos la solución correcta si él la pide o si es necesario. La ayuda puede extenderse a escribir nosotros, para él, un fragmento o incluso el texto completo de lo que quiere transmitir. La referencia, en todo caso, siempre es la de las posibilidades del niño.

Por eso, ante un texto coherente, adecuado, pero con abundantes faltas ortográficas, quizás no sea necesario —ni posible, ni aconsejable— corregirlas todas, sino las que pueda corregir por sí mismo, de forma que aprenda lo que puede aprender en el momento. En este sentido, importa poco que un texto quede, finalmente, con errores. El objetivo no es hacerlo perfecto, sino lo mejor posible dadas las posibilidades del alumno.

Como veis, a un niño con dificultades importantes le pedimos que avance un poco en su trabajo. A un niño con buenas posibilidades, le pedimos más porque puede afrontarlo. No nos guiamos por «el nivel» medio del curso, sino por las posibilidades de cada cual.

Compartir la tarea de corregir

Dado que corregir sirve para aprender, todos deben ser corregidos y correctores. Corregir no es una tarea exclusiva del profesor.

La escritura en grupo —sea de una palabra, sea de un texto— tiene la ventaja de que, en la misma acción de escribir, se reparten los papeles entre los alumnos. Mientras uno compone el texto, el otro lo escribe. Mientras uno escribe, el otro controla y corrige lo que va haciendo. El grupo de dos, la pareja, resulta ideal. En grupos más numerosos, la atención puede dispersarse, a menos de que el reparto de tareas esté bien establecido.

Otra situación ideal es la corrección en grupo, con presencia del profesor. Un grupo —puede ser más o menos numeroso, incluso toda la clase— puede escribir un texto en la pizarra y corregirlo. Puede escribirse algo especial para esta ocasión, o puede elegirse un texto escrito por algún alumno con otro propósito. En este caso, el profesor estimula al grupo a identificar los problemas del texto (¿está completo?, ¿resulta claro, ordenado?, ¿el lenguaje es adecuado a la intención?..., ¿están bien separadas las palabras?, ¿está bien escrita esta frase? ¿se podría hacer de otro modo?, ¿está bien escrita esta palabra?...). Los alumnos intervienen aportando su opinión. Sus opiniones deben estar razonadas y justificadas: no se trata de adivinar. Las distintas opiniones deben ser discutidas, en caso de conflicto. El grupo debe tomar decisiones por consenso.

El papel del profesor, en esta actividad, no es la de dar la solución. Su papel es el de ordenar la discusión, encauzarla, sugerir pistas, ayudar a razonar, a tomar decisiones por consenso, a consultar dudas, etc.

Como siempre, lo más importante no es el resultado final (puede ser que una palabra quede escrita con errores o que se admita como buena una información falsa), porque lo que interesa más es que los alumnos aprendan a identificar dudas, a plantearse problemas, a buscar información, a resolver de modo razonable, a argumentar, a debatir, a respetar las opiniones de los demás, etc.

En la medida en que el profesor se resista a dar la solución y se mantenga en su papel de moderador, ayudará al grupo a investigar y razonar.

Sin embargo, la prudencia y la experiencia del profesor le orientarán a no perder el interés del grupo, a resolver situaciones de indecisión, a orientar a nuevos problemas, etc. No hay nada que le impida ejercer su autoridad moral para zanjar una discusión improductiva o mal planteada.

Tales situaciones de discusión resultan muy útiles para aprender. Un título permitirá discutir la separación entre las palabras que lo componen. Un juego de adivinar palabras ayudará a consolidar la escritura alfabética o a la corrección ortográfica. Un texto breve permitirá ver los problemas de construcción sintáctica. Una frase puede ser sometida a diversas transformaciones para ver qué pasa (quién realiza la acción; qué acción; dónde, cuándo, cómo...). Se puede discutir cómo ordenar un texto fragmentado, cómo resumir, etc.

También resulta útil que los alumnos de un grupo corrijan el texto hecho por uno de ellos o por otro alumno, aun sin la presencia del profesor que verá, después, el resultado de la corrección.

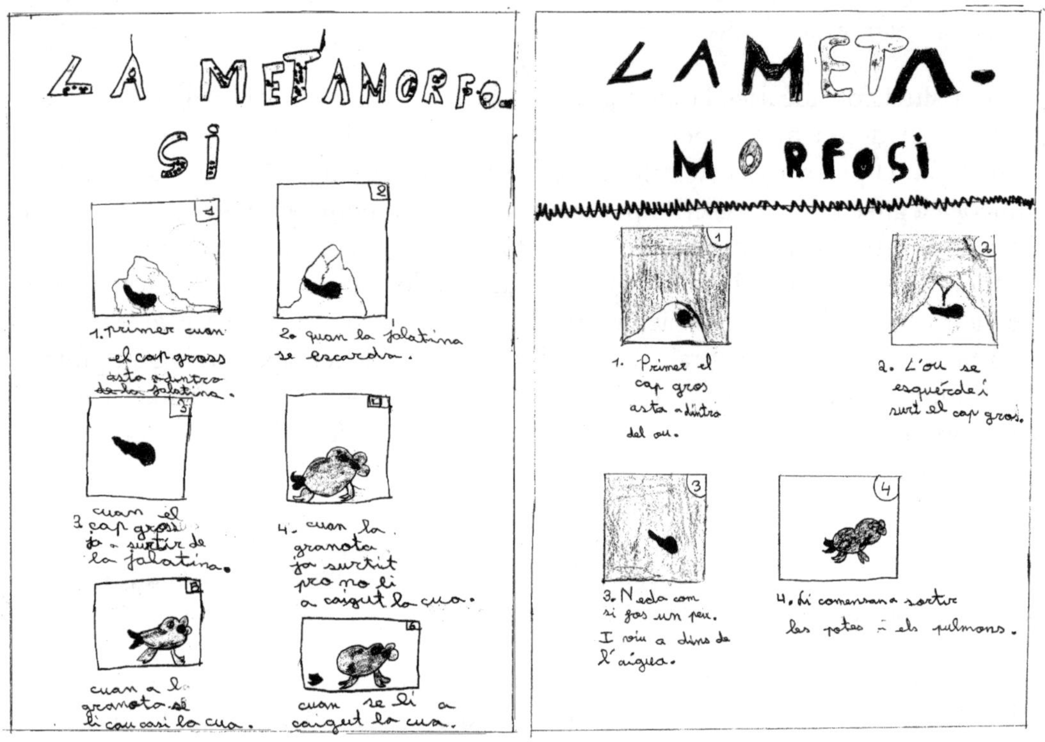

Corrección de un texto expositivo (Tamara, 7 años)

LA METAMORFOSIS DE LA RANA

Tamara sigue fielmente la consigna de elaboración del texto. Se han corregido algunos errores conceptuales: El renacuajo está en el huevo y no en la gelatina. Es el huevo el que se abre y no la gelatina. Le crecen patas y pulmones... A continuación, se han corregido errores de cohesión gramatical, especialmente los que se refieren a la elaboración precisa del lenguaje escrito («Primero *cuando* el renacuajo...; Primero, el renacuajo está...). En cuanto a la ortografía, el profesor sólo ha corregido el uso de las mayúsculas.

TRADUCCIÓN:

1. Primero, cuando el renacuajo está dentro de la gelatina.
2. Cuando la gelatina se resquebraja.
3. Cuando el renacuajo ya ha salido de la gelatina.
4. Cuando la rana ya ha salido pero no le ha caído la cola.
5. Cuando a la rana ya le cae, casi, la cola.
6. Cuando se le ha caído la cola.

1. Primero el renacuajo está dentro del huevo.
2. El huevo se resquebraja y sale el renacuajo.
3. Nada como si fuera un pez. Y vive dentro del agua.
4. Le empiezan a salir las patas y los pulmones.
5. A la rana casi se le cae la cola.
6. Ya se ha convertido en rana. Ahora puede vivir en el agua y en tierra.

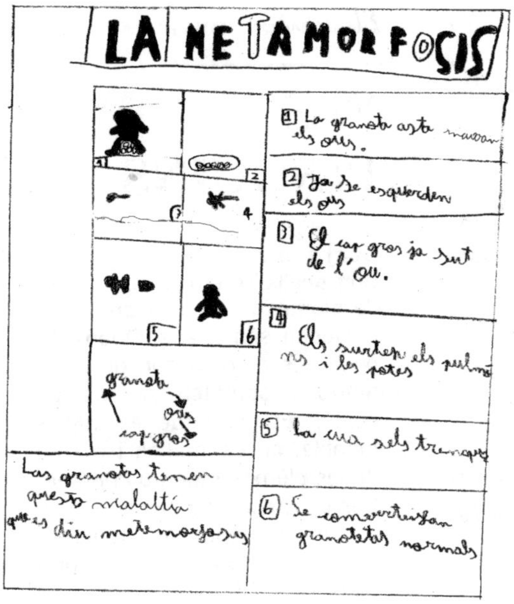

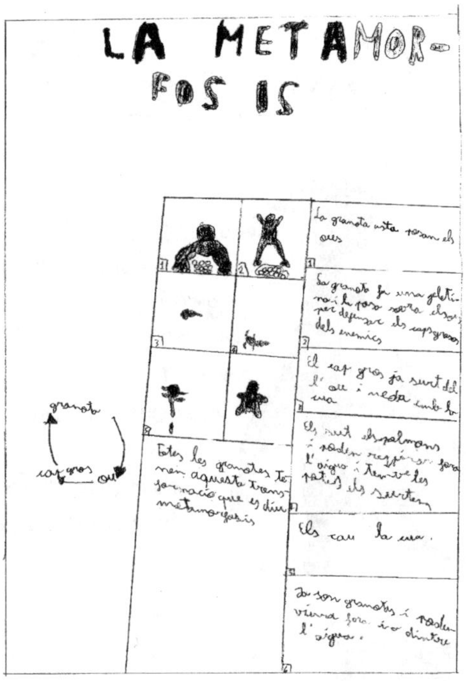

Corrección de un texto expositivo (Didier, 7 años)

LA METAMORFOSIS DE LA RANA

Obsérvese que, en primer lugar, se han corregido dos errores conceptuales: la rana *no incuba* los huevos sino que los *pone*. La metamorfosis *no es una enfermedad*, sino una transformación. La idea de no incubar lleva a recordar un paso del proceso que Didier había omitido: los huevos están rodeados por una gelatina protectora. A continuación, el profesor ha ayudado al alumno a describir con mayor precisión las diferencias entre la rana y el renacuajo: salen los pulmones y pueden respirar fuera del agua; pueden vivir dentro y fuera del agua... En cuanto a la ortografía, se corrige el uso de las mayúsculas.

TRADUCCIÓN: Las ranas tienen esta enfermedad que se llama metamorfosis.

1. La rana está incubando los huevos.
2. Ya se resquebrajan los huevos.
3. El renacuajo ya sale del huevo.
4. Les salen los pulmones y las patas.
5. La cola se les rompe.
6. Se convierten en ranitas normales.

Todas las ranas tienen esta transformación que se llama metamorfosis.

1. La rana está poniendo los huevos.
2. La rana hace una gelatina y pone encima de los huevos para defender a los renacuajos de sus enemigos.
3. El renacuajo ya sale del huevo y nada con la cola.
4. Salen los pulmones y ya pueden respirar fuera del agua, también les salen las patas.
5. Les cae la cola.
6. Ya son ranas y pueden vivir fuera y dentro del agua.

Com són ?

Son ocells

Tenen el cos cubert de plomes de color blanc i negre quan son grans
quan son petits les plomes son de color marró i semblan un os de pelux
El plumatge es impearmeabla no es mullen i a sota de les plomes te 3 centimetres de greig Les plomes estan colocades com les teulades molt esperes aixi es protegeixen del fred.
El ventre es blanc perque les foques que neden a sota no el puguin ataca

Corrección completa de un texto para ser Publicado (7 años)

Els nostres amics

ELS PINGÜINS

Com són ?
Són ocells.Tenen el cos cobert de plomes de color blanc i negre quan són grans. Quan són petits les plomes són de color marro i semblen un ós de peluix. El plomatge és impermeable, no es mullen i a sota de les plomes tenen 3 centímetres de greix. Les plomes estan col.locades com les teulades molt espesses. Així es protegeixen del fred.
El ventre és blanc perquè les foques que neden a sota no els puguin atacar.

El bec

En primer lugar observamos un fragmento del texto final del trabajo sobre los pingüinos elaborado por el grupo. Véase cómo los alumnos del grupo se han distribuido la tarea de escribir el texto. Posteriormente, al acordarse la publicación del texto en la revista científica de la escuela, se decide editarlo con ordenador y corregir, en la pantalla, la ortografía completa, con ayuda del profesor.

TRADUCCIÓN: LOS PINGÜINOS. ¿CÓMO SON? Son pájaros. Tienen el cuerpo cubierto de plumas de color blanco y negro cuando son mayores. Cuando son pequeños, las plumas son de color marrón y parecen un oso de peluche. El plumaje es impermeable, no se mojan y debajo de las plumas tiene tres centímetros de grasa. Las plumas están colocadas como los tejados: muy espesas. Así se protegen del frío.
El vientre es blanco para que las focas que nadan por debajo no las puedan atacar.

CAPÍTULO 19

Sistemas de comunicación verbal y no verbal

CONTENIDOS CURRICULARES

Conceptos

VnoV: SISTEMAS DE COMUNICACIÓN VERBAL Y NO VERBAL

1. Necesidad y significado del gesto y la expresión corporal en la lengua oral y en la verbalización de lo escrito.
2. Conocimientos acerca de logotipos significativos para los alumnos, señales icónicas y otros símbolos gráficos en las calles, en la escuela, etc.
3. Necesidad y significado del sonido y la imagen asociados a textos escritos en películas, montajes audiovisuales, etc. de uso en la escuela.
4. Elementos lingüísticos y no lingüísticos de la comunicación escrita. La ilustración y la tipografía como fuentes de información acerca del texto que va a ser leído.
5. Valor semántico de la imagen en textos tales como anuncios, carteles, cómics, chistes, etc. y su relación con el texto escrito.

Procedimientos

P4. PROCEDIMIENTOS DE ARTICULACIÓN ENTRE ELEMENTOS LINGÜÍSTICOS Y NO LINGÜÍSTICOS EN LOS TEXTOS

1. Interpretación y producción de logotipos, iconos y otros procedimientos de simbolización gráfica.

2. Interpretación y producción de imágenes, solas o secuenciadas.
3. Interpretación y producción de ilustraciones asociadas a los textos. Uso de las mismas como indicadores del contenido del texto y para expresar diversas intenciones.
4. Interpretación y producción de textos asociados a imágenes (y/o sonido) tales como pies de foto, anuncios, carteles, cómics, chistes, vídeos, diapositivas, etc.
5. Procedimientos de recitado, dramatización, lectura en voz alta, etc., con expresión corporal.
6. Relación entre texto y música, en canciones, cuentos musicales, etc.
7. Análisis de los significados introducidos por el sonido y la imagen en producciones audiovisuales, y su relación con el texto. Interpretación de la intención pretendida.

Actitudes

VnoV: ACTITUDES EN RELACIÓN CON LOS SISTEMAS DE COMUNICACIÓN VERBAL Y NO VERBAL

1. Sensibilidad estética ante la forma de coordinar sistemas de comunicación verbal y no verbal (orden, claridad, equilibrio, ritmo, etc.).
2. Actitud crítica ante los mensajes que transmiten los medios de comunicación social y la publicidad, mostrando especial sensibilidad hacia los que suponen una discriminación social, sexual, racial, etc.

DESARROLLO DE CONTENIDOS

Palabra, imagen, sonido, gesto

En realidad, éste es también un «bloque transversal». Raramente aparece la palabra aislada, especialmente en la literatura infantil.

El lenguaje es un medio de expresión junto a otros: la expresión corporal, la música, la expresión plástica, los medios audiovisuales, etc.

El lenguaje, además, es un instrumento de apoyo para casi todas las acciones humanas.

La lectura —y la producción— de la imagen, del gesto, del sonido son conocimientos muy relevantes en una sociedad, como la nuestra, en la que la tecnología y el espectáculo determinan en gran medida el funcionamiento social (televisión, publicidad...). Quizás nuestra escuela sea todavía demasiado literaria, aunque nos esté mal decirlo a nosotros, precisamente, en un texto como el que tenéis en las manos.

A lo largo de los capítulos anteriores, constantemente, ha aparecido la reflexión acerca del uso de los indicadores textuales y gráficos como medio de lectura, comprensión y expresión escrita. La importancia de la verbalización del texto, de la articulación texto-imagen.

De modo que no es preciso insistir ya más.

Las características personales del profesorado, por otra parte, influyen enormemente en el peso que lo no verbal tiene en el aula. Hay profesores entusiastas del teatro, de la expresión corporal, de la expresión plástica o de la música. Sus alumnos tienen el privilegio de vivir experiencias excepcionales y de inmenso valor educativo.

TIPOS DE ACTIVIDADES

Interpretación de logotipos y símbolos gráficos

El peso de los grafismos en nuestra cultura es enorme. Incluso la ropa y el calzado se inundan de ellos. No digamos los medios de transporte, las calles y carreteras, comercios, etc.

Al niño se le ofrecen, por tanto, multitud de estímulos gráficos, con o sin letras y palabras, en los que debe aprender a orientarse.

Al inicio de la escolaridad, la interpretación de estos signos es una de las vías de acceso a la lectura y a la escritura. Más adelante, seguirá teniendo mucho valor. Ni que decir tiene, que nuestros alumnos nos enseñan constantemente, a los adultos, las leyes y códigos que forman su mundo visual, enormemente más rico y complejo del que vivimos nosotros.

Lectura de imágenes solas o secuenciadas

La lectura de imágenes y su secuenciación tienen interés por sí mismas, como ejercicio de interpretación de la imagen y de construcción de esquemas narrativos orales.

Además, los intentos infantiles de interpretación del texto que acompaña a las imágenes, constituyen un excelente ejercicio de atribución de significados a lo escrito. Permiten, además, contrastar las hipótesis infantiles acerca de qué parte del discurso oral (explicación de la imagen) se traslada a lo escrito (nombres, otros elementos gramaticales...); ejercitan la elaboración de hipótesis de anticipación a la lectura y permiten una primera aproximación a la correspondencia entre lo esperado y las características concretas del texto (segmentación en palabras; cantidad y variedad de las letras, etc.).

Secuenciación de imágenes

Como variación de la actividad anterior, la secuenciación de imágenes desordenadas permite al niño entrenarse en la construcción de textos narrativos y de proceso expositivo. Es, por lo demás, una actividad ya muy frecuente en la escuela, en diversas formas.

Relación texto - ilustración

La imagen constituye el punto de apoyo para el inicio de la comprensión, para la anticipación del contenido del texto, para el establecimiento de hipótesis de lectura. Tiene, también, la importancia de ser un elemento de atracción y seducción del lector, un complemento de matices y significados, no siempre explícitos en el texto.

La palabra, por su parte, tiene valor como explicación de la imagen, como complemento o como sustento, como interpretación de lo gráfico.

Algunas actividades que ayudan a establecer relaciones entre el texto y la ilustración, pueden ser:

- Lectura e interpretación de imágenes.
- Lectura y elaboración de secuencias de imágenes.
- La imagen como indicador del contenido.
- Títulos, pies de foto, anuncios, carteles, cómics, chistes...: textos que acompañan a las imágenes.
- Ilustración de textos escritos por los niños.

Dramatización y representación: texto y gesto

En la escuela se pueden representar poemas, canciones, felicitaciones, pequeñas obras teatrales para niños, títeres, mímica, sombras chinescas... La dramatización y representación corporal constituye un poderoso instrumento educativo, de especial importancia por su capacidad de integrar y globalizar multitud de temas y áreas de aprendizaje.

Desde nuestro punto de vista, y como un argumento más para animar la experimentación de los profesores, subrayaremos que la fuerza y motivación añadida por lo teatral, facilita la memorización de textos clásicos, que pueden llegar a ser sumamente complejos desde el punto de vista literario, y constituye una excelente aproximación a modelos literarios de gran calidad.

Relación texto - música

El texto escrito se combina con la música en canciones, danzas, cuentos musicales, comentario de piezas musicales...

Del mismo modo, la música permite acercar a los niños a textos literarios poéticos, que de otro modo resultan más duros. La elaboración de cancioneros, la lectura y escritura de textos de las canciones aprendidas, la recogida de canciones populares en el entorno familiar y social cercano al niño, su transcripción y comentario, etc. son actividades globalizadoras y que interesan mucho a los alumnos.

Relación texto - imágenes audiovisuales

La combinación de texto escrito, imágenes y música la encontramos en las diapositivas, montajes audiovisuales, vídeos, televisión, cine...

El predominio de lo audiovisual es incontestable. Aprender a «leer» cine, TV, vídeos... debiera formar parte de la educación básica de nuestros alumnos que, ahora, están francamente indefensos frente a la invasión indiscriminada de todo tipo de imágenes. En relación con las imágenes audiovisuales, el texto ocupa un lugar menor —apenas escuchan lo que se dice— en la recepción pasiva, pero, sin embargo, el texto es fundamental para la preparación de materiales y guiones que, posteriormente, pueden ser filmados, elaborados con diapositivas, etc.

ASPECTOS PARA OBSERVAR EN CADA TIPO DE ACTIVIDAD

- *Interpretación de logotipos y símbolos gráficos.*

  Reconocimiento e identificación de los símbolos y de su contexto.

  Elaboración oral del texto con el que se relacionan los símbolos.

- *Lectura de imágenes solas o secuenciadas.*

  Reconocimiento y enumeración de elementos concretos de la imagen.

  Interpretación del sentido global de la lámina.

- *Secuenciación de imágenes.*

  Interpretación correcta de cada una de las imágenes.

  Criterios usados para establecer relaciones entre las imágenes y justificación de la decisión tomada al ordenarlas.

- *Relación texto - ilustración.*

  Comprensión del mensaje y significado del texto a ilustrar.

  Identificación de ideas y detalles que relacionan las ilustraciones con el texto.

- *Dramatización y representación: texto y gesto.*

  Calidad de la expresión gestual y corporal y grado de ajuste a las características del texto.

  Memorización, pronunciación, ritmo, entonación y recitado.

- *Relación texto - música.*

  Selección y combinación de recursos textuales y musicales adecuados a la situación.

- Memorización del texto de las canciones.

Relación texto - imágenes audiovisuales.

Establecimiento de relaciones entre el texto, y las imágenes y sonidos que lo acompañan.

MUESTRAS DE ACTIVIDADES

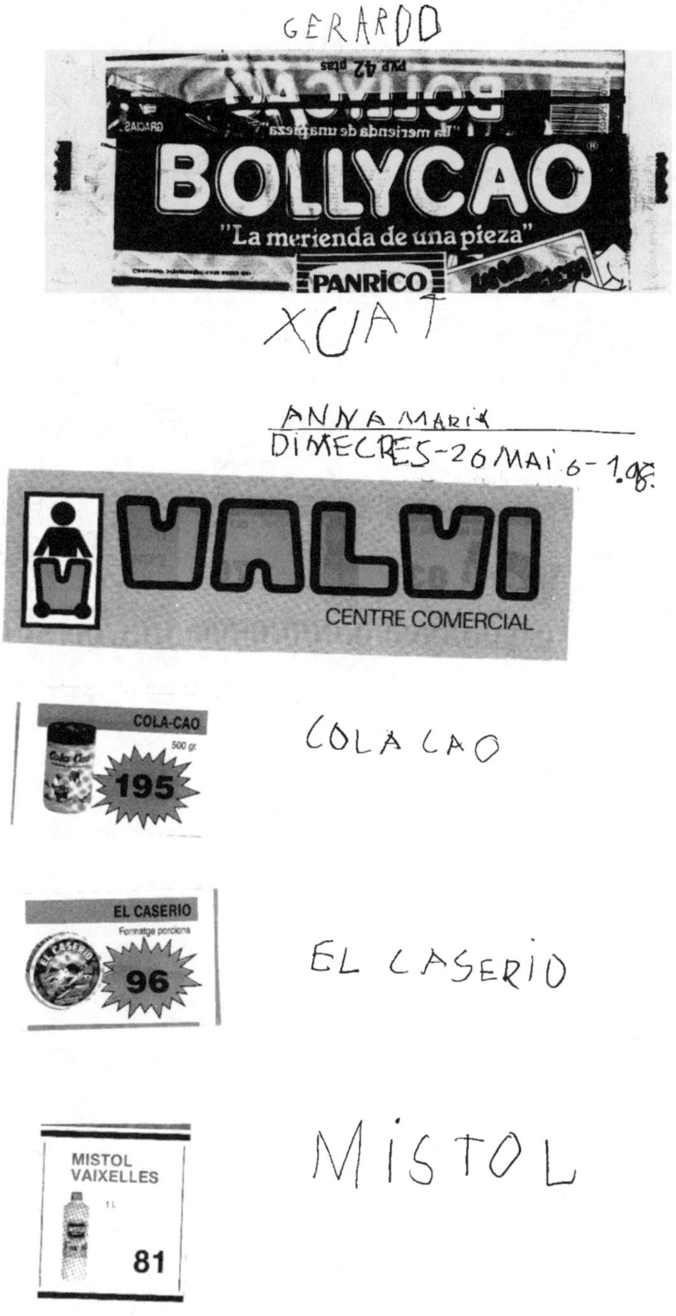

Interpretación de logotipos

[Se les pedía que eligieran etiquetas de productos comerciales y escribieran el nombre del producto, debajo. Gerardo —4 años— ha escrito una interpretación errónea, pero lógica, de su lectura: chocolate en lugar de Bollycao.]

[Ana Mª —10 años, alumna de la escuela de Educación Especial— interpretó «SUPERMERCADO» en lugar del nombre de la cadena comercial «VALVI»; a continuación copió correctamente el nombre de los productos, seleccionando correctamente el nombre entre el texto]

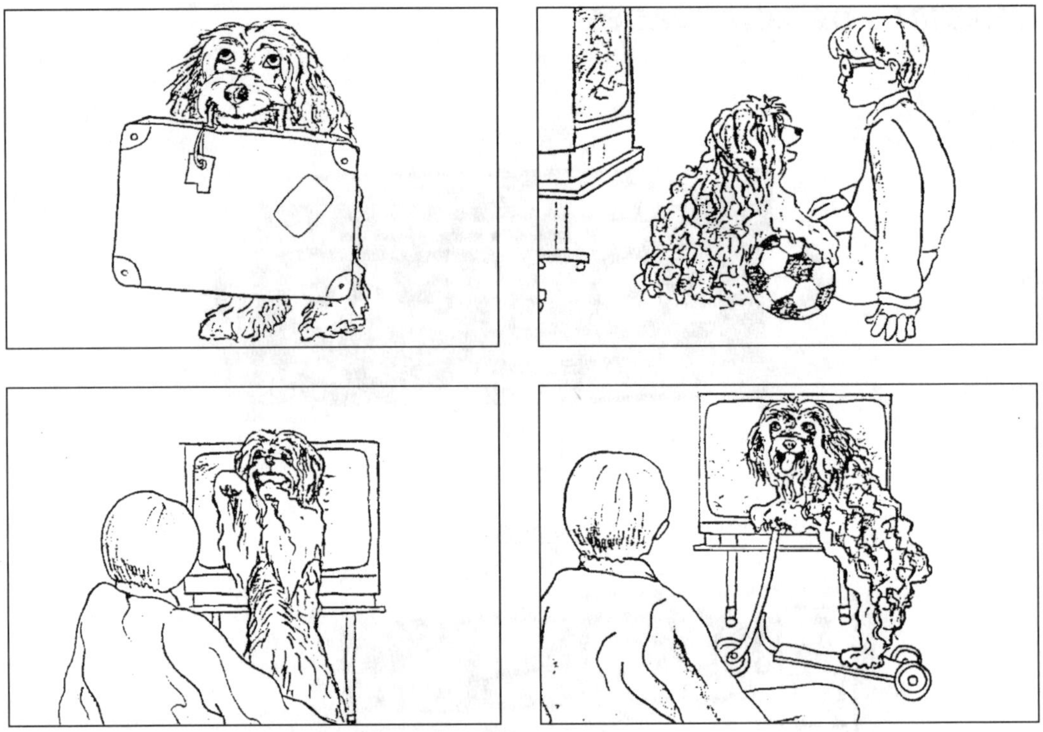

Interpretación de imágenes secuenciadas para ordenarlas posteriormente

[Las imágenes se refieren a un contexto conocido por el alumno, en este caso el anuncio televisivo de la perra Pippin, que tuvo gran impacto en los niños cuando apareció en TV.]

Elaboración de una secuencia de imágenes sobre el cuento de Caperucita Roja, acompañándolas de los diálogos correspondientes (7 años)

TRADUCCION: Ve a ver cómo se encuentra la abuela, que me han dicho que estaba enferma. Llévale una tarta y este tarrito de mantequilla / Muy bien, ahora voy / ¿Dónde vas, niña? / Voy a casa de la abuela a llevarle un tarrito de mantequilla y una tarta / ¿Vive muy lejos tu abuela? / ¡Uy!, sí. Es un poco más allá de aquel molino que ves allá a lo lejos / Soy vuestra pequeña, Caperucita Roja, que os traigo un tarrito de mantequilla, de parte de mamá / Tira de la anilla y el pestillo se abrirá/..

3ª PARTE

Instrumentos para la evaluación

Introducción

LA EVALUACIÓN FORMATIVA

En la práctica escolar tradicional, la evaluación certifica una y otra vez el nivel en que cada niño se ajusta a lo que esperamos de él. Un buen alumno acostumbra a obtener comentarios elogiosos de su trabajo, en tanto que el alumno más pobre de recursos, recibe una y otra vez el mismo comentario desvalorizador —aunque le digamos que «está bien» o lo hagamos cariñosamente—. ¿De qué les sirve a uno y a otro? Apenas para confirmar su jerarquía escolar dentro del aula.

La evaluación, en nuestra opinión, debe ser tal, que permita al alumno ver con claridad en qué está mejorando y en qué se halla estancado y, sobre todo, en qué dirección puede, y debe, avanzar. Es decir, que el alumno se haga más consciente del proceso de aprendizaje y de cómo controlarlo.

Ante cualquier situación, lo más eficiente, lo que le convierte a uno en un experto, es la capacidad de reconocer las dificultades y evaluar correctamente las propias posibilidades de resolver un problema. Conócete a ti mismo.

La evaluación no debe ser únicamente una sanción externa, del profesor —y la sociedad— respecto del alumno. Para que la evaluación sea formativa y realmente eduque al alumno, debe conducir a una conciencia clara de sí mismo ante el aprendizaje. Es necesario que el alumno —con la ayuda del profesor al evaluarlo—, identifique sus propias dificultades y sus recursos. Que identifique, por ejemplo, cuándo la comprensión de una palabra se le escapa; en qué situaciones concretas tiene dudas ortográficas que le conviene reflexionar; que se dé cuenta de cuándo se produce un error de descifrado que altera la comprensión del texto. En esto debe consistir, en nuestra opinión, la evaluación formativa.

El conocimiento de sí mismo, como alumno, tiene que ver, además, con algo fundamental para el éxito escolar: la actitud y la predisposición hacia el aprendizaje. La predisposición para aprender tiene múltiples aspectos (tipo de motivación, resistencia a la frustración, etc.), pero está estrechamente relacionada con lo que denominamos autoconcepto académico.

La imagen de sí mismo, en el rol de alumno, es determinante del éxito o fracaso en tareas escolares, dado que fundamentan la motivación intrínseca y el sentido del esfuerzo, imprescindibles para aprender.

LOS CRITERIOS DE EVALUACIÓN DEL CURRÍCULUM OFICIAL: UN MARCO DE REFERENCIA

En el currículum oficial, tras el enunciado de los bloques de contenido de cada área se incluyen unos criterios de evaluación, que pretenden concretar el modo en que se han conseguido aprender los objetivos que, al finalizar la etapa de Educación Primaria, deben haberse conseguido en los alumnos respecto al lenguaje escrito.

Estos criterios de evaluación mantienen la coherencia con el planteamiento general del lenguaje como instrumento al servicio del desarrollo de la capacidad de comunicación. Así, se pone énfasis en la capacidad del alumno para participar en el trabajo colectivo del aula; captar el sentido de textos orales, dramatizarlos y memorizarlos; producir textos orales; captar el sentido de textos escritos, usar estrategias de comprensión, leer textos diversos, manifestar preferencias y opiniones personales respecto a las lecturas; escribir textos diversos y respetar las normas gramaticales; usar el lenguaje oral y escrito para la realización de tareas, etc. tal como hemos recogido en el capítulo 11.

Estos criterios constituyen un marco de referencia muy útil, incluso en los primeros niveles de la escolaridad, para orientar el trabajo del profesor hacia lo que es realmente importante en cuanto al lenguaje.

Sin embargo, estos criterios generales deben detallarse con mayor grado de concreción para que puedan ser útiles a lo largo del proceso de enseñanza. Éste será el objetivo de los siguientes capítulos.

INSTRUMENTOS PARA LA EVALUACIÓN DEL PROCESO DE ENSEÑANZA Y APRENDIZAJE

La evaluación es un proceso continuo, que se realiza en cada una de las actividades escolares que deben ser evaluadas a partir de las características concretas de cada actividad, de cada texto, de cada situación.

Hemos diferenciado aquí tres momentos distintos del proceso evaluador. En primer lugar, presentamos una situación de evaluación inicial de la competencia de nuestros alumnos con relación al sistema alfabético. En segundo lugar, aportaremos sugerencias e instrumentos para la evaluación continua del proceso de aprendizaje de los alumnos y, finalmente, sugerimos ideas para la evaluación del propio proceso de enseñanza, como instrumento de reflexión del profesor sobre su tarea.

1. La evaluación inicial de los niveles de construcción del sistema alfabético

El primer paso del proceso de enseñanza debe consistir en evaluar los conocimientos y las posibilidades de aprendizaje del grupo de alumnos, antes de realizar la actividad de escritura y de lectura. En cada actividad, al inicio, el profesor interrogará a sus alumnos acerca de sus conocimientos con relación al tema, al tipo de texto que se dispone a trabajar, etc. con objeto de ajustar la consigna y la actividad a este conocimiento. Cada profesor deberá decidir los instrumentos para esta evaluación inicial, en función del texto concreto y de la actividad que se propone realizar.

Sin embargo, hemos considerado de interés incluir una pauta concreta de evaluación inicial que se refiere, específicamente, al nivel de construcción del sistema alfabético por parte de los niños. La pauta que incluimos permite la observación y el registro exhaustivo de las diversas hipótesis e ideas que cada niño maneja, con relación a la escritura y a la lectura, en los períodos iniciales de su aprendizaje.

2. Evaluación continua del proceso de aprendizaje

La evaluación continua del aprendizaje del alumno no requiere el diseño de actividades específicas de evaluación, diferenciadas de la práctica cotidiana del aula, sino un conjunto de elementos integrados en cada una de las actividades de clase que empiezan ya al diseñar la actividad, se ajustan en el transcurso de la misma y se registran mediante instrumentos sencillos y prácticos. En cada actividad, se realiza la evaluación a partir de considerar los objetivos de enseñanza, las características del tipo de actividad y las posibilidades y requisitos del tipo de texto que se va a utilizar.

La finalidad de una evaluación formativa no consiste en dar una nota o situar el nivel de conocimientos en relación con otros niños. Una evaluación útil debe ser continua y descriptiva. Se trata de conocer en cada momento, cuál es el nivel de competencia del alumno en relación con los objetivos que el profesor establece, para aclarar lo que queda por aprender.

3. La evaluacion del proceso de enseñanza

En una concepción formativa de la evaluación, no se trata tan sólo de evaluar el nivel de aprendizajes de los alumnos. El profesor debe evaluar, asimismo, el propio proceso de enseñanza y la actividad que lleva a cabo en el aula. De esta forma, al analizar su propio trabajo y lo sucedido en el aula, el profesor adquiere criterios y elementos para introducir cambios en su actividad docente y mejorar, así, la ayuda pedagógica que dispensa a sus alumnos.

Hemos incluido, por tanto, una pauta de evaluación del proceso de enseñanza que, sin ser exhaustiva ni agotar las posibilidades, creemos que resulta suficientemente útil y orientativa para el profesor.

CAPÍTULO 20

Evaluación inicial de los niveles de construcción del sistema alfabético

La pauta de evaluación del nivel de los niños en la construcción del sistema alfabético, que presentamos a renglón seguido, está pensada, especialmente, para entrevistas individuales con un solo alumno. Hemos hecho esta opción, porque así podemos explicar mejor el conjunto de procedimientos, en detalle. Sin embargo, algunas de las tareas que proponemos, pueden hacerse en la situación de aula, preferentemente con grupos pequeños.

Esta pauta nos ha resultado útil en los siguientes casos:

- La evaluación psicopedagógica de alumnos con dificultades de aprendizaje, para situar sus posibilidades con relación al lenguaje escrito.
- Para conocer el estado inicial de alumnos recién llegados; al inicio del curso en Educación Infantil o en 1.º de Educación Primaria...
- Para precisar el nivel y las posibilidades de un alumno susceptible de ser orientado a un trabajo de apoyo complementario al del aula ordinaria.

EVALUACIÓN INICIAL DE LOS PROCEDIMIENTOS DE ESCRITURA

Vamos a proponer a un alumno que escriba, en primer lugar, su nombre. Puede hacerlo como se le ocurra, insistiéndole si dice que «no sabe».

Un niño muy pequeño, al inicio de su escolaridad, puede creer que escribir es lo mismo que dibujar... y hará el dibujo de un niño para poner su nombre. La reiteración de esta respuesta nos indica que hay que leer con él muchos cuentos, mostrarle muchas escrituras distintas, con dibujo o sin él, en libros y carteles, rótulos, cartas, etc.

A continuación le proponemos que escriba cuatro nombres, en forma de lista (uno debajo de otro), pertenecientes a un mismo campo temático (animales, plantas, juguetes, alimentos, etc.) y que tengan distinto número de sílabas. Empezamos proponiendo que escriba el más largo y así sucesivamente. Después le pediremos que escriba una frase simple que contenga uno de los cuatro nombres anteriores. Por ejemplo, E. Ferreiro proponía escribir: MARIPOSA, ARDILLA, GATO, PEZ y EL GATO BEBE LECHE, pero podéis buscaros otras propuestas. Tras escribir cada palabra, preguntamos al niño qué es lo que ha escrito y le pedimos que lo lea. La producción del niño corresponderá a algunas de las posibilidades evolutivas que describimos a continuación.

1. Escrituras sin relación entre sonido y representación escrita de la palabra. (Escrituras pre-silábicas)

- PRIMERAS ESCRITURAS:
  - Garabatos.
  - Pseudo-letras (grafías que recuerdan vagamente letras).
  - Mezcla de letras convencionales, cifras, pseudo-letras, etc.
- CANTIDAD DE GRAFÍAS:
  - Necesidad de una cantidad mínima para que el texto sea «legible». (Hipótesis de cantidad mínima).
  - Escrituras de dos o más letras, sin control de cantidad: la cantidad de letras del texto es absolutamente aleatoria o se rige por el tamaño de la página.
  - Escrituras con una cantidad de letras fija y constante.
  - La cantidad de grafías —e incluso el tamaño de las mismas— guardan relación con las propiedades del objeto, animal o persona, a que se refiere la palabra: tamaño, número, edad, importancia afectiva (padre/madre, por ejemplo).
- VARIEDAD DE GRAFÍAS:
  - Amplitud del repertorio de grafías que utiliza. Por ejemplo, puede utilizar sólo las letras de su nombre, variando el orden, etc.
  - Necesidad de variar la composición de letras en una misma palabra (no «se puede» escribir la misma letra repetida).
  - Necesidad de variar la composición de letras entre las palabras escritas de una lista.

2. Escrituras con relación entre el valor sonoro de la palabra y la representación escrita

- Un primer paso se da en niños que, aunque escriben sin control alguno de cantidad, al proponerles que lean lo que han escrito, interpretan las primeras letras como sílabas de la palabra, ignorando las restantes.
- Escritura con correspondencia entre el número de sílabas de la palabra y el número de grafías que escribe. Puede darse con signos arbitrarios, con vocales solas, con consonantes solas, o mezclando vocales y consonantes, sin perder la estructura silábica.
- Reacción ante situaciones de conflicto con la hipótesis silábica. Monosílabos: puede escribirlos con una sola letra, o reduplicándola o añadiendo letras. Palabras que contienen todas las vocales iguales: observaremos si ignora el hecho o introduce cambios para evitarlo.
- Inicio de descomposición de la sílaba: Escrituras silábico-alfabéticas. En este caso, el niño, aun manteniendo el predominio del análisis silábico, introduce otras letras como resultado de análisis parcialmente alfabéticos.
- Escrituras alfabéticas: el niño ya analiza todos los fonemas de la palabra, asociando cada uno a una letra, que puede ser la convencional o no, caso en que podrá utilizar letras-comodín u otros recursos.

3. Procedimientos de escritura a partir del dominio de la transcripción

3.1. Textos memorizados

Proponemos al niño que escriba un texto memorizado previamente, con objeto de evitar la interferencia de procesos de construcción del texto. Podemos elegir un texto breve del tipo de un título, una canción, etc.

Al escribir textos con sintaxis, puede suceder que el niño dé respuestas de menor calidad que al escribir palabras solas. Observaremos, por tanto:

- Si escribe todas las letras u omite algunas.
- La linealidad, caligrafía y manejo del lápiz.
- Separación de palabras, nociones de ortografía.
- Escritura del título, diferenciado o no del texto...

3.2. Re-escritura de un texto conocido

Proponemos al niño que escriba un fragmento de un cuento infantil, previamente conocido, con o sin imagen de apoyo. Conviene recordar, con él, el argumento y el fragmento que se va a escribir, para asegurarse de que la estructura del texto que va a producir está clara.

Observaremos:

- La preparación de lo que se va a escribir, la capacidad de organizar oralmente el texto que va a escribir.
- El orden y la lógica de exposición de las ideas.
- Diferenciación entre formas del lenguaje oral y formas propias de lo escrito.
- Si registra formas específicas del texto narrativo: discurso directo o indirecto, nexos temporales, formas de inicio o final típicas del cuento, pasajes concretos que no pueden alterarse (canciones, estribillos, frases características, etc.), la narración en tercera persona, la coherencia de los tiempos verbales, etc.
- Si respeta la escritura del título, diferenciándolo, tipográficamente y por su situación, del texto.

EVALUACIÓN INICIAL DE LOS PROCEDIMIENTOS DE LECTURA

1. ¿Sirve para leer lo que hay en esta tarjeta?

En primer lugar, presentamos al niño diversas tarjetas con grafismos distintos, letras, pseudo-letras, cifras... en distinta tipografía y una de ellas, en blanco. Para ello usamos el material que ya presentamos en el primer volumen: las tarjetas, sueltas, incluyen estas grafías:

215	M E	*por*	*uuy*
mantequilla	A A A A	A	⊙ I ▷ И
mas	4	*de*	MZQT
MANZANA	R		*mmmm*

Le invitamos a que, una vez vistas todas, desordenadas, encima de la mesa, haga dos montones:

- Uno, con las tarjetas que sirvan para leer, las que se puedan leer.
- Otro, con las tarjetas que no sirvan, o no se puedan leer.

Seguidamente, le pedimos que nos confirme la decisión anterior, viendo de nuevo las tarjetas, de una en una, al tiempo que nos va explicando las razones de su elección. Anotaremos las respuestas en las hojas de registro.

El objetivo de esta actividad es el de averiguar las primeras ideas personales de los niños, acerca de la lengua escrita: cómo interpreta los signos gráficos y qué condiciones deben reunir estos signos, para poder tener significado, es decir, para representar —simbólicamente— el lenguaje.

En este sentido, observaremos las consideraciones de los niños acerca de:

- La cantidad de grafías: ¿qué cantidad de signos son necesarias para poderse leer?, ¿deben tener una cantidad mínima? ¿por qué?
- La composición de lo escrito: ¿se puede leer una secuencia de signos o letras iguales?, ¿es necesaria una variedad notoria de los signos que componen lo escrito, para poder ser leído?
- La tipografía de los signos gráficos: observaremos si el niño considera que sólo se puede leer el texto en una u otra tipografía —mayúsculas o minúsculas—, lo que puede indicar distinto grado de familiarización con uno u otro tipo de letra. [En nuestra zona, algunos de los alumnos interpretan, con gran sorpresa por nuestra parte, que las mayúsculas son «en castellano» y las minúsculas «en catalán» o viceversa].
- La diferenciación entre números y letras: ¿reconoce la diferencia entre cifras y letras?, ¿considera que se pueden leer las cifras?

2. Hipótesis acerca del contenido de lo escrito

2.1. Actividades iniciales

- Una primera actividad útil consiste en presentar al niño una hoja con tres o cuatro nombres propios escritos, entre los cuales esté el suyo. Comprobaremos si reconoce su nombre y le pediremos que lo señale con el dedo, y, después, que lo lea. Observaremos:

- El tipo de lectura:
  - Global, sin atención a las letras o sílabas que lo componen.
  - Silábico: si atribuye un valor de sílaba a cada letra. En este caso, observaremos cómo resuelve el conflicto entre su interpretación silábica y la realidad de lo escrito, más largo. Puede interpretar el resto de letras como su apellido; puede repetir partes del nombre [MA-MA-RI-I-A], o puede ignorar el conflicto, manteniendo su convicción silábica
  - Alfabético: si conoce todas las letras y las lee correctamente.
- Tipo de segmentación: observaremos cómo lee cuando le ocultamos una parte de su nombre (por ejemplo, la sílaba inicial, o la final...). En este caso, veremos si el niño identifica bien las partes visibles o si mantiene que un fragmento del nombre representa todo el nombre completo.
- Otra actividad posible consiste en dar al niño una hoja con dibujos —de animales, por ejemplo— y una tira de papel con el nombre de uno de ellos escrito. Le pedimos que sitúe la tira junto al dibujo que le corresponda. Anotaremos cómo interpreta lo escrito y qué índices ha utilizado: número de letras; vocales, letra inicial, tamaño de la palabra, letras conocidas... A continuación, pondremos la tira, al lado de otro cualquiera de los dibujos y le pediremos qué es lo que dice ahora en la tira. Puede mantenerse constante el significado (el mismo que antes) o puede ser que lo varíe para representar al dibujo que ahora está más próximo.

2.2. Interpretación de textos con imágenes

Utilizaremos cuatro cuartillas, que contengan texto e imagen según los siguientes criterios:

IMAGEN	TEXTO
Un solo objeto	Un nombre o verbo
Un solo objeto	Varios nombres o frase
Varios objetos	Un nombre o verbo
Varios objetos	Varios nombres o frase

Por ejemplo, éstas:

Animal
polluelos
el perro está
sentado
la niña juega

Se le presentan las cuartillas al niño, de una en una, pidiéndole que lea el texto. Se trata de observar qué tipo de interpretación recibe el texto escrito a partir de la información que aporta la imagen que lo acompaña. Veamos distintas posibilidades:

- La interpretación del niño se concreta en una idea global de la imagen, que se corresponde con una idea global del texto, incluso con comentarios añadidos y sin matizar aspectos concretos de lo escrito. Al pedirle que señale con el dedo dónde está escrito lo que dice, responde señalando globalmente el texto entero.
- El texto es interpretado, exclusivamente, en función de las características de la imagen (nombres de objetos, acciones...) sin una consideración constante de las características del texto. Una misma palabra puede representar, a la vez, dos nombres o ideas distintas, por ejemplo.
- El texto es interpretado a partir de sus propias características: la cantidad de palabras —o fragmentos del texto—, de letras, el reconocimiento de letras y sonidos o la identificación de palabras... son los criterios que rigen la interpretación del texto y establecen el tipo de relación entre el texto y la imagen. La imagen sugiere una información que necesita confirmarse a partir de las características del texto. Por ejemplo: puede haber tantos nombres como palabras; las palabras escritas pueden referirse a uno u otro objeto según el número de letras o la variedad, o según la inicial o alguna letra conocida, etc.

Consideramos dos tipos de características del texto a tener en cuenta:

- CON REFERENCIA A LA CANTIDAD de letras o fragmentos del texto: Los criterios de interpretación pueden ser:
  - El número de letras con relación al tamaño del objeto referido de la imagen.
  - La cantidad mínima de letras necesaria para poder leerse un texto o un fragmento del mismo: los artículos, preposiciones, etc. pueden ser ignorados por tener pocas letras.
  - El número de fragmentos (palabras) del texto con el número de objetos o partes de la imagen.
- CON REFERENCIA A LA COMPOSICIÓN: el repertorio más o menos amplio de letras conocidas. Los criterios de interpretación pueden ser:
  - La variedad de letras entre palabras distintas, como índice de significados distintos.
  - La identificación de los valores de las letras como indicador para predecir el significado del texto.
  - El reconocimiento de palabras concretas en el texto.
  - El inicio del descifrado.

Los distintos niveles de consideración de las características cuantitativas y cualitativas de lo escrito, llevarán al niño a iniciar el descifrado y a establecer estrategias, cada vez más útiles y precisas, para la lectura de los textos.

3. Procedimientos de lectura a partir del descifrado

3.1. Textos memorizados o muy conocidos

Se propone al niño leer un texto escrito que conozca bien o sepa de memoria (poema, cuento, canción, estribillo, refrán, el texto pegadizo de un anuncio...). Observaremos:

- El conocimiento de las letras y su correspondencia sonora.
- El nivel de autonomía y seguridad en el descifrado.
- La identificación de palabras o fragmento determinados y, especialmente, las estrategias que utiliza para esta localización: vocales, consonantes, memoria visual de la palabra, etc.
- La anticipación de algunas palabras que ocultamos con una hoja de papel —o de lagunas preparadas en el texto— y los indicios que utiliza para descubrirla.
- La diferenciación entre el título y el texto.

El objetivo de usar un texto muy conocido es el de averiguar si el niño confirma, en el texto, el significado que conoce, utilizando índices de descifrado.

3.2. Texto desconocido

Preferentemente, elegiremos un texto corto, narrativo, de lenguaje y tipografía adecuados al nivel del niño, etc. Observaremos:

- La calidad del descifrado: confusiones, omisiones, velocidad, seguridad, silabeando, etc.
- Capacidad de integración del significado de cada palabra, vocabulario conocido, etc.
- Identificación de dudas y errores de descifrado: si se para, retrocede espontáneamente, ignora, etc.
- Identificación del significado de las unidades sintácticas.
- Capacidad de inferir el significado de palabras ocultas a partir del contexto de lo leído.
- Identificación de la estructura del texto: ideas principales, número de detalles que integra.

CAPÍTULO 21

La evaluación continua del aprendizaje de los alumnos

EVALUACIÓN DE LAS ACTIVIDADES EN VEZ DE ACTIVIDADES DE EVALUACIÓN

Existe una arraigada concepción escolar —a la que proponemos hacer frente— que consiste en diferenciar las actividades cotidianas destinadas a la enseñanza y al aprendizaje, de unas actividades singulares, diferenciadas, destinadas a la evaluación. Así es bastante habitual que en algunos momentos —al finalizar un trimestre, o un curso, o un ciclo— los profesores se planteen el diseño de actividades especiales para medir el aprendizaje conseguido y poderlo reflejar en un documento escrito dirigido a los padres o bien destinado a ser recogido en el expediente del alumno.

Esta tradición está vinculada, por una parte, a la noción de examen, medida, cuantificación y criterios de clasificación. Por otra parte, tiene que ver con el prestigio de las «pruebas objetivas» que, supuestamente, constituirían un modo válido y fiable de medir el aprendizaje efectivamente conseguido.

No es rara la paradoja de someter al alumno a unas pruebas «de evaluación» que no tienen que ver con el trabajo cotidiano en el aula. Así, por ejemplo, se mide la velocidad lectora en clases a las que no se ha dedicado especial atención a mejorar este aspecto. O se mide la comprensión en tareas como seguir instrucciones, deducir el significado de una palabra, etc., cuando a lo largo del curso o trimestre no se ha enseñado en absoluto cómo llevar a término estas tareas.

Frente a esta evaluación puntual, externa, diferenciada de las prácticas curriculares de la escuela, proponemos la evaluación continua de las distintas actividades de aprendizaje que se desarrollan en clase.

Imaginemos una secuencia didáctica cualquiera. Por ejemplo, alrededor de un cuento tradicional. Los alumnos ya son escolares veteranos y, por tanto, conocen lo que es un cuento, lo que significa explicarlo, leerlo y escribirlo. El profesor, tras anunciar que vamos a trabajar con el cuento, lo primero que pregunta es «¿quién lo conoce?», ahí ya se produce un primer control acerca de los conocimientos previos de los alumnos. Enseguida queda claro quiénes conocen los personajes y la trama argumental, los que apenas conocen el título y el tema, pero sin detalles, los que lo escuchan por primera vez...

A continuación el cuento se explica resumido. Inmediatamente, se comprueba el grado de comprensión alcanzado, se repite, se insiste en los aspectos que han quedado oscuros, se reconstruye colectivamente... se controla la comprensión y la expresión oral de los alumnos en esta situación de comentar un cuento explicado.

Probablemente, pasaremos a leerlo, ya sea por parte del profesor, de los alumnos o entre todos. Nuevamente, el profesor comprueba el grado de comprensión alcanzado por los alumnos, aporta ayudas concretas, reclama la participación de los más pasivos... propone tareas adecuadas a cada uno, etc.

Y lo mismo al escribirlo o en otras actividades imaginables alrededor del cuento. De modo que el profesor está evaluando constantemente el progreso de sus alumnos, en la medida en que está siguiendo de cerca el proceso de aprendizaje. El resultado final de la actividad muestra un rendimiento, pero no es el núcleo de la evaluación... a menos que la confundamos con «poner una nota», tarea que, obviamente, no tiene sentido en una propuesta de aprendizaje significativo.

Este tipo de evaluación sobre la marcha de la propia actividad presenta algunos riesgos y limitaciones.

Puede suceder que el profesor, arrastrado por las mil y una peripecias del día-a-día, no registre sus observaciones, no las escriba, se deje llevar por intuiciones arriesgadas, establezca imágenes estereotipadas acerca de algunos alumnos que prevalezcan sobre la observación concreta de su trabajo, etc. Esta falta de sistematización de las observaciones puede hacerle incurrir en una valoración subjetiva del nivel alcanzado por los alumnos: desde hace tiempo sabemos que la evaluación puede estar muy mediatizada por aspectos inconscientes del profesor. Así se alcanzaría una cierta arbitrariedad en las apreciaciones.

El antídoto frente a este peligro es el de la observación y el registro sistemático. No es posible, ni necesario, apuntarlo todo en todo momento, pero sí que conviene prever en determinadas situaciones de clase, registros precisos de algún aspecto determinado.

El segundo riesgo es el de la fragmentación de las observaciones. Que vayamos recogiendo aspectos muy puntuales, desconectados unos de otros, que no nos permitan hacernos una visión de conjunto de cómo se sitúa un alumno concreto ante el lenguaje escrito. O que veamos claro su nivel de dominio del sistema alfabético, pero no sus posibilidades de composición y estructuración de textos o de discursos orales. Que sepamos cómo lee en voz alta, pero no cómo utiliza estrategias para interpretar palabras desconocidas... En realidad, éste es un peligro bastante común. Las semanas y los trimestres pasan velozmente y cuando se trata de poner por escrito lo que sabemos acerca de un alumno concreto, nos damos cuenta de lo que ignoramos acerca de él.

Para soslayar la posible fragmentación de las observaciones, parece que lo mejor es diversificar las actividades que se realizan y los registros de observaciones. Conviene observar el comportamiento de los alumnos en situaciones de trabajo oral diverso, en distintas situaciones de lectura y escritura, en distintos textos...

El último peligro de la evaluación que proponemos, es que algun/os alumno/s nos queden opacos. Especialmente aquellos alumnos que pasan desapercibidos, que no intervienen, que ofrecen muestras de trabajo muy típicas, que se inhiben, etc.

El antídoto frente a este peligro está en la forma de organizar la clase y la actividad. Si trabajamos exclusivamente con el gran grupo-clase, será fácil que un buen número de alumnos no puedan ser observados directamente. Si comprobamos los conocimientos de los niños sólo a partir de lo que aportan quienes levantan la mano, muchos quedarán inéditos. El trabajo en grupos reducidos, con la presencia directa del profesor en la realización de la actividad, es el que aporta una mayor garantía de seguimiento y observación sistemática de cada uno de los alumnos de la clase.

Resumiendo, una evaluación formativa de nuestros alumnos puede consistir en:

a) Una descripción del grado y del modo en que un alumno es competente en relación con los objetivos educativos que hemos elegido como significativos; no una nota ni una valoración bueno/malo. Debe informar de lo que se necesita para tomar decisiones educativas: en qué ha progresado adecuadamente, en qué necesita mejorar, qué es lo que sabe hacer solo, en qué y cuándo necesita ayuda...

b) Un proceso en el tiempo, no una prueba puntual: una colección de observaciones a lo largo del trimestre, del curso, del ciclo...

c) Una colección de actividades diversas:

– escuchar, hablar, leer y escribir;

– textos diversos;

– en actividades diversas: exposición, debate, recitado; leer en voz alta y en silencio; copiar, reescribir, componer, corregir...;

– en condiciones diversas: individual, en pareja, en grupo pequeño, en el grupo clase...

Es decir, una colección de actividades realizadas en clase, muestras de trabajos, observaciones acerca del modo de leer o de escribir, advertencias que el profesor ha hecho en un momento determinado...

Pero no todas las actividades, de todos los alumnos ni en todo momento: eso sería un caos y un esfuerzo ímprobo e inútil. Se trata de ir seleccionando, escogiendo aquellas situaciones que parecen más significativas. De una actividad en clase, podremos observar en detalle el proceso de un grupito de alumnos. Otra actividad nos permitirá hacerlo de otros... un día observaremos el modo de hablar de Juanito... otro día observaremos cómo lee...

De este modo, cuando sea necesario, el profesor dispondrá de información relevante y útil para su trabajo y podrá realizar con facilidad un resumen de los aspectos significativos del proceso de aprendizaje de un alumno en el área de Lenguaje, a lo largo de un período determinado, cuando se requiera.

LA EVALUACIÓN EMPIEZA AL DECIDIR LA ACTIVIDAD

Desde el mismo momento en que el profesor toma decisiones acerca de la actividad que propondrá a los alumnos, se empiezan a definir los criterios de evaluación.

En primer lugar, aparecen los objetivos de aprendizaje vinculados al tema de estudio: la comprensión de los conceptos, informaciones y relaciones de que se trate. En una noticia, por ejemplo, se trata de asegurar la comprensión oral y lectora de la información contenida en la noticia. El análisis de los contenidos del texto, indicará una secuencia de aprendizajes susceptibles de ser evaluados: el tema, la idea principal, los elementos más relevantes de la noticia... detalles, etc. y las relaciones que consigue establecer entre ellos.

Si la noticia, por ejemplo, es el traslado de la orca Ulises desde el zoo de Barcelona al zoo de San Diego (EEUU), podemos plantearnos como objetivo que los alumnos comprendan que una orca es una clase de ballenas, sus características (tamaño, color, dentadura, inteligencia, facilidad para ser domada...) y los motivos que han llevado a trasladarla (piscina demasiado pequeña, necesidad de una pareja, etc.).

A continuación, aparecen los objetivos de aprendizaje vinculados al tipo de texto en cuestión. Si es una noticia, habrá que evaluar el modo en que los alumnos distinguen las características de cada elemento: el título, la imagen, el pie de foto, el cuerpo de la noticia, el nombre del periódico, la fecha... y las relaciones entre ellos. Las características de los distintos tipos de texto genéricos (capítulo 17) y de cada variedad concreta (noticias, anuncios, agenda, reseñas, entretenimientos, etc.) aportan criterios de evaluación.

Acto seguido, el profesor decide los contenidos de Lenguaje y el tipo de actividad o actividades que va a desarrollar en clase con este texto. Con una noticia, por ejemplo, se puede prever una lectura previa por parte del profesor seguida de la recapitulación por parte de los alumnos (contenidos OR-ESC); o la lectura por parte de los alumnos del titular (LEC), o bien una actividad de re-escritura (ESC), etc. Cada tipo de actividad permite trabajar unos contenidos concretos. Por ello, hemos incluido en cada capítulo dedicado a desarrollar los contenidos, una relación de los tipos de actividad adecuados y de los «Aspectos a observar» específicos de cada actividad.

Por tanto, al decidir qué tema vamos a tratar, con qué tipo de texto y qué objetivos específicos de lenguaje nos proponemos enseñar a nuestros alumnos, estamos ya definiendo los criterios de evaluación de la actividad. Siempre, por supuesto, considerando el grupo concreto de alumnos que tenemos en clase.

LA EVALUACIÓN SE VA DEFINIENDO EN EL DESARROLLO DE LA ACTIVIDAD

Al llevar a cabo, en la práctica del aula, la actividad programada, aparecen casi siempre elementos imprevistos por el profesor. El grado de conocimientos previos, por ejemplo, ha resultado mayor, o menor, del esperado, de modo que los objetivos que se había propuesto con relación al tema, sufren modificación. O aparecen nuevos elementos que modifican el trabajo.

Por ejemplo, en la foto de la noticia, aparecen los entrenadores de la orca Ulises y unos delfines que están junto a la orca. La discusión oral del grupo lleva a definir qué son los delfines —¿son ballenas también?— y cuáles son las diferencias entre los delfines y las orcas. Y éste puede resultar un tema que llegue a desplazar en importancia, los motivos del traslado de Ulises.

O bien resulta que la noticia lleva, además del titular, un subtítulo, lo que conduce a comentar la importancia relativa de las informaciones aportadas por ambos.

Si el profesor mantiene una actitud de atención y respeto hacia los intereses y el tipo de pensamiento de sus alumnos (sus conocimientos, ideas, hipótesis, concepciones erróneas, errores, etc.), es inevitable que en el transcurso de la actividad aparezcan cantidad de aspectos imprevistos que conviene observar, lo que no obsta para mantener la coherencia general del trabajo previsto.

LA EVALUACIÓN SE REGISTRA POR ESCRITO

La actividad escolar, especialmente con alumnos de 3 a 8 años, es tan trepidante y requiere tanta atención directa del profesor, que apenas queda tiempo para registrar la información relevante que se obtiene. Eso es un hecho. Sin embargo, todos los profesores se dotan de procedimientos concretos para anotar observaciones periódicas, cuya acumulación se traduce en una evaluación sistemática, continuada y personalizada del trabajo de cada alumno.

En nuestra opinión, es muy importante construirse instrumentos de evaluación de las actividades que recojan el conjunto de objetivos principales. De lo contrario, podemos fácilmente caer en la grave tentación de reducir en la práctica, los objetivos escolares a lo más rutinario o lo más aparente. Es frecuente, por ejemplo, que se evalúe siempre el nivel de dominio del sistema alfabético y, en cambio, no se valore tanto la capacidad de componer textos, de recapitular una información, de distinguir los elementos de un texto, etc. que son contenidos de tanta o mayor relevancia.

Por ello, recomendamos vivamente que se utilicen fórmulas sencillas de registro de los diferentes aspectos implicados en una actividad concreta. Es cierto que un profesor experimentado en la enseñanza del lenguaje, tal como la venimos proponiendo, puede prescindir, en un momento determinado, del registro minucioso y sistemático. Sin embargo, no nos cansamos de recomendar a los profesores que mantengan el hábito de definir los objetivos de cada actividad y elaboren instrumentos concretos de registro. Este hábito es necesario siempre, pero es del todo imprescindible en los períodos en que el profesor se está entrenando en nuevas formas de trabajar con sus alumnos.

En nuestra práctica con profesores, lo que nos está resultando más práctico para observar y evaluar el comportamiento de los alumnos en las actividades, es la elaboración de sencillas parrillas en las que, por un lado, tenemos el conjunto de alumnos del grupo y, por el otro eje, establecemos una lista de los principales objetivos de la actividad concreta. Entre los objetivos procuramos tener en cuenta:

- La fase de preparación.
- El proceso de realización de la actividad y las características concretas de la actividad, del tipo de texto, contenidos, etc.
- El resultado conseguido y las tareas de repasar, corregir y mejorar.
- Las actitudes.

Cada tipo de actividad, en cada texto, permite un registro específico. En el tercer volumen ofreceremos varias muestras de este tipo de instrumentos útiles para la evaluación.

He aquí un par de ejemplos posibles, entre muchos:

Actividad: RE-ESCRITURA DE UNA NOTICIA EN PAREJAS Y COMPAGINACIÓN TEXTO Y FOTO PARA EL PERIÓDICO ESCOLAR (7 AÑOS)									
Alumnos:									
PREPARACIÓN: Se han comprendido las instrucciones									
El contenido de la noticia se había comprendido correctamente									
ESCRITURA DE LA NOTICIA: Se ha respetado el esquema expositivo (quién, qué, cuándo, cómo...) en el cuerpo de la noticia									
Se han incorporado detalles específicos significativos									
TITULAR Y PIE DE FOTO: El titular es adecuado									
El pie de foto es correcto									
Separación titular - texto									
Compaginación titular - texto									
Compaginación texto - foto - pie de foto									
La noticia tiene coherencia sintáctica y gramatical									
Aspectos ortográficos: Separación de palabras Uso de las mayúsculas									
Aspectos convencionales: caligrafía, presentación...									
Trabajo en pareja: se han repartido la tarea, han cooperado...									

Como podéis ver, este tipo de cuadro sirve para evaluar, pero, además, ayuda al profesor a definir mejor los aspectos relevantes en los que conviene insistir, a precisar las instrucciones que dará a los alumnos... Para el alumno, además, este tipo de listados le pueden ayudar a repasar ordenamente el texto producido y a definir los aspectos que conviene corregir. En este sentido, los criterios de evaluación sirven, también, como criterios de preparación de la actividad y como guía para las tareas de revisar y corregir.

ACTIVIDAD: LECTURA DE UN CUENTO POR PARTE DEL PROFESOR Y RECAPITULACIÓN DEL MISMO (4 AÑOS)									
Alumnos:									
Le gusta escuchar cuentos									
Mantiene la atención constante a lo largo de toda la lectura									
Mantiene las normas de comportamiento acordadas									
Mantiene una postura activa (expresa alegría, temor, rechazo...)									
Formula preguntas									
Participa cuando se les pide que anticipen lo que sucederá									
Realiza comentarios adecuados sobre lo que se narra									
Recuerda el título									
Recuerda el nombre de los personajes principales									
A partir de las preguntas del profesor: identifica la situación inicial									
Identifica el problema que da pie a la acción									
Identifica el núcleo de la acción									
Identifica el desenlace									
Al recapitular con autonomía, reconstruye la narración de forma aceptable									
recuerda sólo anécdotas desligadas									

Guías de evaluación similares pueden prepararse para situaciones de representación y dramatización, para el momento de elaboración del pre-texto, para el nivel de aprendizaje del sistema alfabético, para describir los aspectos gráficos y caligráficos, para la ortografía y las nociones gramaticales, etc. El desarrollo de los contenidos curriculares sirve, precisamente, para elaborar sistemáticamente los objetivos del aprendizaje y de cada actividad.

Por supuesto, existen otros diversos instrumentos para registrar los aprendizajes de los alumnos.

La organización de las horas dedicadas al lenguaje puede acompañarse de sistemas de registro del comportamiento de los niños. Por ejemplo, si dedicamos un espacio a la lectura silenciosa y al placer de leer en el aula, a usar la biblioteca de la clase, etc. convendrá disponer de una forma de registro de los aspectos que consideramos más importantes. Por ejemplo, un cuadro de doble entrada, en el que de un lado figuran los libros de que se dispone en el aula y, del otro, los alumnos, de modo que se puede anotar fácilmente qué libros se van leyendo a lo largo del curso. Una breve entrevista del profesor con el alumno permite aclarar si realmente se ha leído, si le ha gustado, si lo ha terminado... Otros profesores utilizan una libreta en la que el alumno va anotando los libros que lee y, si quiere, puede dibujar, escribir algo, etc. sobre el libro.

Una organización del aula por rincones de trabajo permite que el profesor vaya estando con grupos reducidos de niños, observando cómo trabajan, al leer, al discutir, al escribir... algo que parece realmente imprescindible para asegurar un buen conocimiento del trabajo de cada cual.

En ocasiones, los profesores pueden tener la necesidad de una descripción que sintetice el conjunto de aprendizajes adquiridos en un período de tiempo por cada alumno. Cada profesor tiene su estilo, pero el siguiente ejemplo puede ayudar a elaborar un guión:

- Tipo de textos y tipos de actividades realizadas en clase en ese período.
- Actitudes del alumno con relación al aprendizaje de la lengua escrita:
  - Predisposición (curiosidad, motivación...)
  - Valoración del lenguaje escrito como medio de comunicación, placer, estudio...
  - Grado de participación en el trabajo escolar.
  - Capacidad de identificar dudas, buscar soluciones y mejorar su trabajo (autorregulación)
  - Hábitos de trabajo y comportamiento.
- Relación entre lenguaje escrito y lenguaje oral:
  - Reconoce la diferencia entre lo oral y lo escrito.
  - Reconoce los diferentes tipos de texto utilizados y sus diferencias.
  - Al escuchar un texto, es capaz de... (disfrutar, atender, participar, comprender, recapitular...)
  - Al recitar o dramatizar un texto puede... (memorizarlo, usar un volumen, tono, ritmo y entonación... dar expresividad gestual y postural...)
  - Al comentar el texto, en clase, puede... (participar, escuchar, argumentar y dar opiniones, mostrar espíritu crítico...)

- Reconoce, valora y cuida de los instrumentos del lenguaje escrito (libros, diarios, revistas, biblioteca...)

- En relación con la escritura:
  - Puede escribir... (el propio nombre, listas de palabras, títulos, textos cortos relacionados con una imagen, textos completos siguiendo las pautas del pre-texto; textos planificados por sí mismo...)
  - Con relación al sistema alfabético... (niveles de codificación)
  - Participa activamente en la preparación de la escritura y puede organizarse mentalmente lo que va a escribir (pre-texto).
  - Al escribir, respeta las características propias del texto en cuestión (en cuanto al contenido, al formato y a los aspectos gramaticales).
  - Puede identificar dudas (de contenido, de expresión, de léxico, de ortografía...), buscar recursos y encontrar soluciones.
  - Admite bien la evaluación y posterior corrección de lo escrito.
  - Se esfuerza en presentar adecuadamente los textos, respetar los aspectos formales, etc.

- En relación con la lectura:
  - Muestra interés en comprender lo escrito, utiliza sus conocimientos previos, las imágenes, etc. para formular hipótesis y anticipar el contenido.
  - Reconoce palabras significativas (nombres propios, personajes, títulos...)
  - En cuanto a los procedimientos de descodificación, puede...
  - Se formula preguntas acerca del texto, reconoce dudas en la comprensión y utiliza recursos para resolverlas...
  - Tras la lectura, puede identificar los aspectos más relevantes del texto, reconocer la estructura (secuencia del texto, componentes principales...), incorporar detalles...
  - Puede aportar opiniones y comentarios personales acerca de lo leído.

En cada uno de estos apartados, además, el profesor puede describir aquello que el alumno puede hacer por sí mismo, lo que puede hacer con ayuda y lo que necesita aprender próximamente.

CAPÍTULO 22

La evaluación del proceso de enseñanza

Desde el punto de vista del aprendizaje y formación del profesorado, la evaluación formativa del proceso de enseñanza de algunas de las actividades, resulta un instrumento muy poderoso. Obviamente, no es posible un análisis exhaustivo de cómo han funcionado todas y cada una de las actividades, pero vale la pena tener en mente algunas cuestiones fundamentales a considerar respecto de la propia actividad de enseñanza. En ocasiones, un análisis en profundidad y completo, puede ser un poderoso instrumento de formación personal y trabajo compartido con los compañeros del ciclo.

Constituye una reflexión sobre la propia práctica profesional que, como tal, contribuye decisivamente a la mejora de la práctica docente. En nuestra experiencia de asesoramiento y trabajo conjunto con profesores y escuelas, esta tarea de análisis pormenorizado de situaciones concretas, resulta mucho más interesante y productiva que otras modalidades del tipo de seminarios, cursillos, sesiones teóricas, etc.

La evaluación del proceso de enseñanza, naturalmente, se enriquece muchísimo cuando se hace de forma compartida —con el equipo del ciclo, por ejemplo— y si la actividad ha sido realizada con la presencia de un colaborador, que enriquece la observación de lo sucedido.

Proponemos un guión para analizar y evaluar el proceso de enseñanza de una actividad:

GRADO DE SIGNIFICATIVIDAD

¿El profesor —y los alumnos— tenían claro lo que se trataba de enseñar/aprender en esta actividad?

¿Se han podido expresar / recoger claramente los conocimientos previos de los alumnos con relación al tema y al tipo de texto?

¿La dificultad de la tarea estaba ajustada a las características del grupo? ¿Era demasiado fácil? ¿Demasiado difícil?

¿Les ha estimulado a pensar y a estar mentalmente activos durante la realización de la tarea? ¿Han pedido ayuda? ¿Han necesitado utilizar recursos para resolver dificultades?

¿Han aparecido situaciones de conflicto cognitivo que hayan favorecido nuevos aprendizajes? ¿Ha habido discusión, intercambio, cambios en las ideas, opiniones, argumentos, etc.?

¿Se han podido analizar errores y obstáculos en la realización de la tarea? ¿Se han podido interpretar correctamente? ¿Han permitido avanzar?

¿Se ha podido identificar fácilmente lo que se ha aprendido de nuevo en la actividad?

GRADO DE ADAPTACIÓN A LA DIVERSIDAD

¿Han podido *todos* los alumnos responder reflexivamente?

¿Ha habido alumnos para los cuales la tarea era demasiado sencilla, de modo que no les requería ningún esfuerzo?

¿Ha habido alumnos para los cuales la tarea superaba sus posibilidades y, por tanto, no han podido reflexionar?

¿Era una tarea suficientemente abierta para que cupieran diversos niveles de realización?

¿La organización de la actividad ha permitido que el profesor ayudara adecuadamente a los alumnos?

¿Dispone el profesor de elementos para hacer una buena evaluación formativa de los alumnos en esta actividad?

MOTIVACIÓN Y CLIMA DE TRABAJO

¿Estaba claro el sentido de la actividad, el por qué y el para qué se hacía?

¿Se ha notado entusiasmo, participación, interés?

¿Ha habido un clima efervescente de trabajo: discusión, ebullición de ideas, contraste, pasión?

¿Se ha podido percibir interés en hacer el trabajo de la mejor calidad posible?

¿Se les ha pasado rápidamente el tiempo? ¿Ha habido conductas de desconexión, de perturbar el orden, de desgana?

NIVEL DE REALIZACIÓN DE LA ACTIVIDAD

¿Ha quedado clara la conexión de la tarea con el tema de trabajo?

¿Se ha transmitido con claridad el objetivo? ¿Se ha comprendido fácilmente la consigna?

¿Se han respetado las características del tipo de texto que se ha trabajado? ¿Se conocían estas características?

¿Se ha ajustado bien el tiempo de la actividad?

¿Han funcionado bien los grupos, qué problemas han surgido? ¿Qué habrá que tener en cuenta, en lo sucesivo, respecto a los criterios de agrupación de los alumnos en tareas de este tipo?

¿Se ajustaban bien los materiales a la actividad? ¿Se adecuaban al tema, conocimientos de los alumnos, tipo de texto, etc.?

INTERVENCIÓN DEL PROFESOR

¿Ha podido seguir de cerca el proceso de realización de la actividad por parte de los alumnos?

La ayuda que ha prestado a los alumnos, ¿ha sido suficiente? ¿ha sido excesiva? ¿ha fomentado la autonomía de trabajo de los alumnos? ¿les ha enseñado a identificar problemas y encontrar los recursos necesarios para resolverlos?

¿Ha aprendido cómo hacer mejor este tipo de actividad en otra ocasión?

RESULTADOS Y PRODUCCIONES DE LOS ALUMNOS

¿Se han producido textos de calidad, con relación a las posibilidades de los alumnos?

¿Han dado de sí todo lo que podían?

EL CARÁCTER FORMATIVO DE LA EVALUACIÓN DEL PROCESO DE ENSEÑANZA

Una evaluación de estas características no apunta a flagelar al profesor, ni a los niños.

El interés de este tipo de análisis es, fundamentalmente, que podamos identificar los aspectos que es preciso mejorar. Y no sólo eso. Se trata de ver en qué dirección podemos mejorar la actividad en la próxima ocasión. En realidad, de este tipo de evaluación se desprenden directamente una serie de actividades y criterios posibles para próximas actividades.

A lo mejor habremos identificado una dificultad importante de los niños en un procedimiento determinado —por ejemplo, les ha resultado muy difícil localizar la información en el diccionario, en el atlas, en la guía telefónica, etc. y eso ha frenado la actividad— lo que nos llevará a pensar actividades para aprender, directamente, a localizar este tipo de informaciones y otras similares.

O resulta que, en los grupos preparados para esta actividad, se generaban muchos espacios muertos, puesto que sólo podían trabajar uno o dos simultáneamente y los grupos eran demasiado numerosos. Esto nos lleva a decidir que, en tareas semejantes, la realización debe ser individual o en parejas.

Existe otra dimensión de este tipo de reflexión que nos parece fundamental. En el debate colectivo, con el conjunto de profesores del ciclo o etapa, el análisis y la reflexión compartida acerca del desarrollo de situaciones concretas de aula, constituye una vía óptima de formación permanente. Si, además, se cuenta con la ayuda de algún asesor o compañero experto, los resultados son excelentes. Mejor que mil cursillos.